# Traversée des Pyrénées
# Pyrénées Ariégeoises

*Luchonnais - Couserans - Vicdessos - Haute-Ariège Val du Garbet Biros*

AVEC L'APPUI TECHNIQUE
DES COMITÉS DÉPARTEMENTAUX
DE LA RANDONNÉE PÉDESTRE
DE LA HAUTE-GARONNE ET DE L'ARIÈGE

Le village de Siguer, en vallée du Vicdessos / Photo M. Doumenjou - CDRP 09.

# Sommaire

- 🟨 Comment utiliser ce guide ? — 4
- 🟦 Infos pratiques — 6
- ⬜ Découvrir les Pyrénées ariégeoises — 19

Les itinéraires

- 🟧 **GR® 10** > de Bagnères-de-Luchon à Mérens-les-Vals — de 22 à 73
- 🟧 **GR® 10E** > de la montagne de Mont-Ner à l'étang de Bethmale — de 74 à 77
- 🟧 **GR® 10D** > du col d'Auédole à la carrière de marbre d'Estours — de 78 à 83
- 🟧 **GR® 10A** > de l'étang d'Izourt à l'orri de Journosque — de 84 à 85
- 🟧 **GR® 10B** > de la stèle du GR® 10 au col de l'Esquérus — de 86 à 87
- 🟧 **GR® de Pays** Tour du Val du Garbet — de 88 à 99
- 🟧 **GR® de Pays** Tour du Biros — de 100 à 109

Index géographique — 112

Index thématique — 112

## INFOS PRATIQUES

# Comment utiliser ce guide GR®

### POUR COMPRENDRE LA CARTE IGN

**Les courbes de niveau**
• 974  Chaque courbe est une ligne (figurée en orange) qui joint tous les points d'une même altitude. Plus les courbes sont serrées sur la carte, plus le terrain est pentu. À l'inverse, les courbes espacées indiquent une pente douce.

| | |
|---|---|
| Route | ═══ |
| Chemin | ─── |
| Sentier | - - - |
| Voie ferrée, gare | ┼═┼ |
| Ligne à haute tension | ──→ |
| Cours d'eau | ~ |
| Nappe d'eau permanente | ⬭ |
| Source, fontaine | ⟲ |
| Pont | )⊢( |
| Église | ⛪ |
| Chapelle, oratoire | ⛪ |
| Calvaire | † |
| Cimetière | ⊞ |
| Château | ⌸ |
| Fort | ⬠ |
| Ruines | ∴ |
| Dolmen, menhir | ⊓ Δ |
| Point de vue | ☀ |

D'après la légende de la carte IGN au 1 : 50 000.

Les sentiers de **Grande Randonnée®** décrits dans ce **TopoGuide** sont tracés **en rouge** sur la carte IGN au 1 : 50 000 (1cm = 500m).

Autres sentiers de **Grande Randonnée®** dans la région — — —

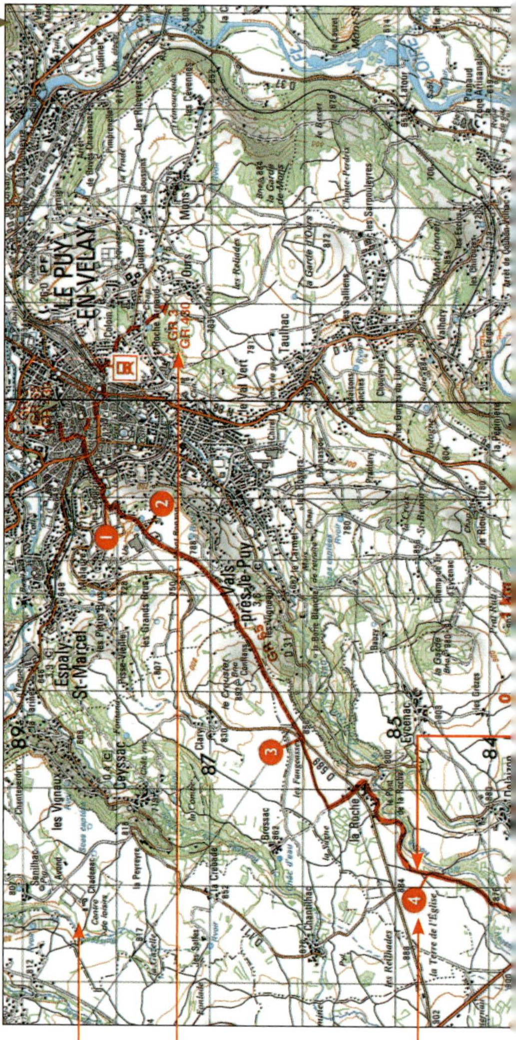

Situation géographique sur le sentier **GR®** (descriptif indiqué page de droite)

4 • GR®10 • Les Pyrénées ariégeoises

# INFOS PRATIQUES

← **Découverte de la nature et du patrimoine**

---

## Le sentier GR® 65
## Du Puy à Figeac

**GR® 65** ← N° du GR®

← Titre de l'itinéraire.

**Du Puy-en-Velay à La Roche** — 5,5 km — 1 h 15 ← **Descriptif du bandeau :**
- L'étape de… à
- Kilométrage
- Temps de marche
- Couleur du balisage

**Au Puy >** 🚌 🅿 🛏 🎒 🍴 ⛪ 🏪 🏛

Au Puy-en-Velay (625 m), le GR® 65 part de la cathédrale.

👁 > Succédant à des monuments antérieurs (gallo-romain, 5ᵉ et 9ᵉ), l'église actuelle fut bâtie au 11ᵉ et à la fin du 12ᵉ. Au style roman, sobre et austère, s'ajoutent les influences arabes et byzantines. Le clocher est indépendant, le baptistère Saint-Jean, du 10e, lui fait face et un magnifique cloître roman se développe contre le mur Nord de l'église. Dans la sacristie : livre d'or réservé aux pèlerins et randonneurs..

**❶** Emprunter une route revêtue jusque sur le plateau dominant la ville.

**❷** Le GR® utilise ensuite sur la gauche un large chemin cailloutteux qui aboutit à un carrefour marqué par un fût de croix [👁 > croix de Jalasset datée de 1621 dont seul le fût subsiste], passe à droite de ce monument et contourne la butte de Croustet.

👁 > Le chemin passe sur la gauche d'une petite montagne le Croustet, qui frappe par son aspect ← **👁 Curiosités touristiques, monuments, etc… à découvrir durant l'étape.**
régulier. Appelée "garde" dans le pays, il s'agit d'un petit cône volcanique de type strombolien, déjà un peu remanié par l'érosion. Il est essentiellement formé de projections scoriacées assez meubles exploitées sous le nom de pouzzolanes.

**❸** Le GR® atteint la D 589 ; la couper et prendre en face le chemin de terre gravillonné, qui débouche dans un carrefour. Suivre à gauche le chemin qui devient goudronné aux premières maisons de La Roche (872 m).

**De La Roche à Saint-Christophe-sur-Dolaizon** — 3 km — 45 mn

Le GR® 65 traverse la D 589 et contourne La Roche par un chemin en corniche au-dessus du ravin de la Gazelle, qui continue ensuite sous la ligne de crête.

← **❹** Situation sur la carte (indiquée p. de gauche), avec descriptif détaillé du sentier de Grande Randonnée®.
**❹** Le GR® 65 se dirige à droite, traverse un petit bois, s'abaisse jusqu'au ruisseau de la Gazelle pour le franchir un peu plus en amont et remonte sur sa rive droite jusqu'à Saint-Christophe-sur-Dolaizon (908 m).

👁 > Eglise du 12e siècle, construite en brèche volcanique rougeâtre avec clocher-arcade percé de 4 ouvertures. Côté Sud, plusieurs enfeux à l'extérieur. Ce monument se trouve mentionné dès 1161, puis en 1204 dans un document émanant des Templiers du Puy. La seigneurie et le château apparaissent dès le 14e siècle dans diverses pièces d'archives.

**itinéraires Hors GR®" :**
- Distance de marche
- Temps de marche
- Couleur du balisage
- 🛏 🍴 Ressources disponibles (voir tableau des hébergements p.15)

**Hors GR®** > Pour Dolaizon (890 m) — 1 km — 15 mn — 🛏 🍴
> Suivre la route qui part à droite du cimetière.

**👁 Curiosités, etc…**
*"Le **Hors GR®** est un itinéraire, généralement **non balisé**, qui permet de rejoindre un hébergement, un moyen de transport, un point de ravitaillement. Il est indiqué en tirets sur la carte".*

**GR® 65** • Du Puy à Figeac • 31

INFOS PRATIQUES • **5**

# INFOS PRATIQUES

## Idées de randonnées

### LES ITINÉRAIRES DÉCRITS

**GR®10** > de Bagnères-de-Luchon à Mérens-les-Vals, à parcourir en 22 à 25 jours (335 km).

**GR® de Pays Tour du Val du Garbet** > à parcourir en 5 à 6 jours (60 km).

**GR® de Pays Tour du Biros** > à parcourir en 5 jours (54 km).

## LE BALISAGE DES SENTIERS

Le sentier **GR®10** est balisé en blanc et rouge. Les sentiers **GR® de Pays Tour du Val du Garbet** et **GR® de Pays Tour du Biros** sont balisés en jaune et rouge.

## QUATRE RANDONNÉES DE 2 À 5 JOURS

| Du refuge de Clarans à Mérens-les-Vals : | 2 Jours |
|---|---|
| 1er jour : du refuge de Clarans au refuge du Rulhe (p. 69-71) | 8 h |
| 2e jour : du refuge de Ruhle à Mérens-les-Vals (p. 73) | 5 h 15 |

| De Saint-Lizier-d'Ustou à Auzat : | 3 Jours |
|---|---|
| 1er jour : de Saint-Lizier-d'Ustou à Aulus-les-Bains (p. 51-55) | 8 h 05 |
| 2e jour : d'Aulus-les-Bains au refuge de Bassiès (p. 55-57) | 5 h 15 |
| 3e jour : du refuge de Bassiès à Auzat (p.57) | 3 h 10 |

| De Fréchendech au gîte d'étape de Bonac : | 4 Jours |
|---|---|
| 1er jour : de Fréchendech au refuge de l'Étang-d'Araing (p. 101) | 3 h 30 |
| 2e jour : du refuge de l'Étang-d'Araing au gîte d'étape d'Eylie (p. 101-105) | 4 h 30 |
| 3e jour : du gîte d'étape d'Eylie à la cabane de Grauillès (p. 105-107) | 4 h 50 |
| 4e jour : de la cabane de Grauillès au gîte d'étape de Bonac (p. 107-109) | 6 h 55 |

| Boucle depuis le gîte de La Bernadole : | 5 Jours |
|---|---|
| 1er jour : du gîte de La Bernadole au gîte de La Comté (p. 89) | 3 h 50 |
| 2e jour : du gîte de La Comté à Aulus-les-Bains (p. 89-93) | 6 h 30 |
| 3e jour : d'Aulus-les-Bains à Saint-Lizier-d'Ustou (p. 93-95) | 5 h 10 |
| 4e jour : de Saint-Lizier-d'Ustou à La Souleille-d'Aunac (p. 95-97) | 7 h 05 |
| 5e jour : de La Souleille-d'Aunac au gîte de La Bernadole (p. 99) | 5 h 35 |

**INFOS PRATIQUES**

# Suivez les balisages de la FFRandonnée

## LES TYPES DE BALISAGE

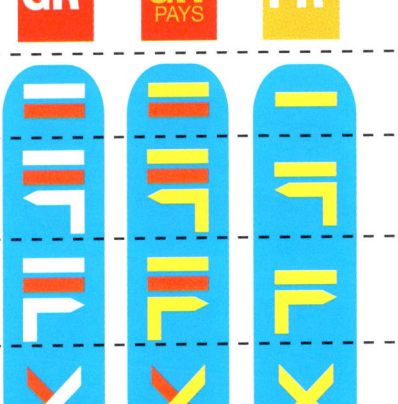

- Type de sentiers
- Bonne direction
- Tourner à gauche
- Tourner à droite
- Mauvaise direction

**BIEN PRÉPARER SA RANDONNÉE**

**1** Grande Randonnée / **2** Grande Randonnée de Pays / **3** Promenade & Randonnée

## MARQUAGES DES BALISAGES

Le jalonnement des sentiers consiste en marques de peinture sur les arbres, les rochers, les murs, les poteaux. Leur fréquence est fonction du terrain.

### Les baliseurs : savoir-faire et disponibilité

Pour cheminer sereinement, 6 000 bénévoles passionnés s'activent toute l'année, garants d'un réseau d'itinéraires de 180 000 kilomètres de sentiers, sélectionnés selon des critères de qualité.

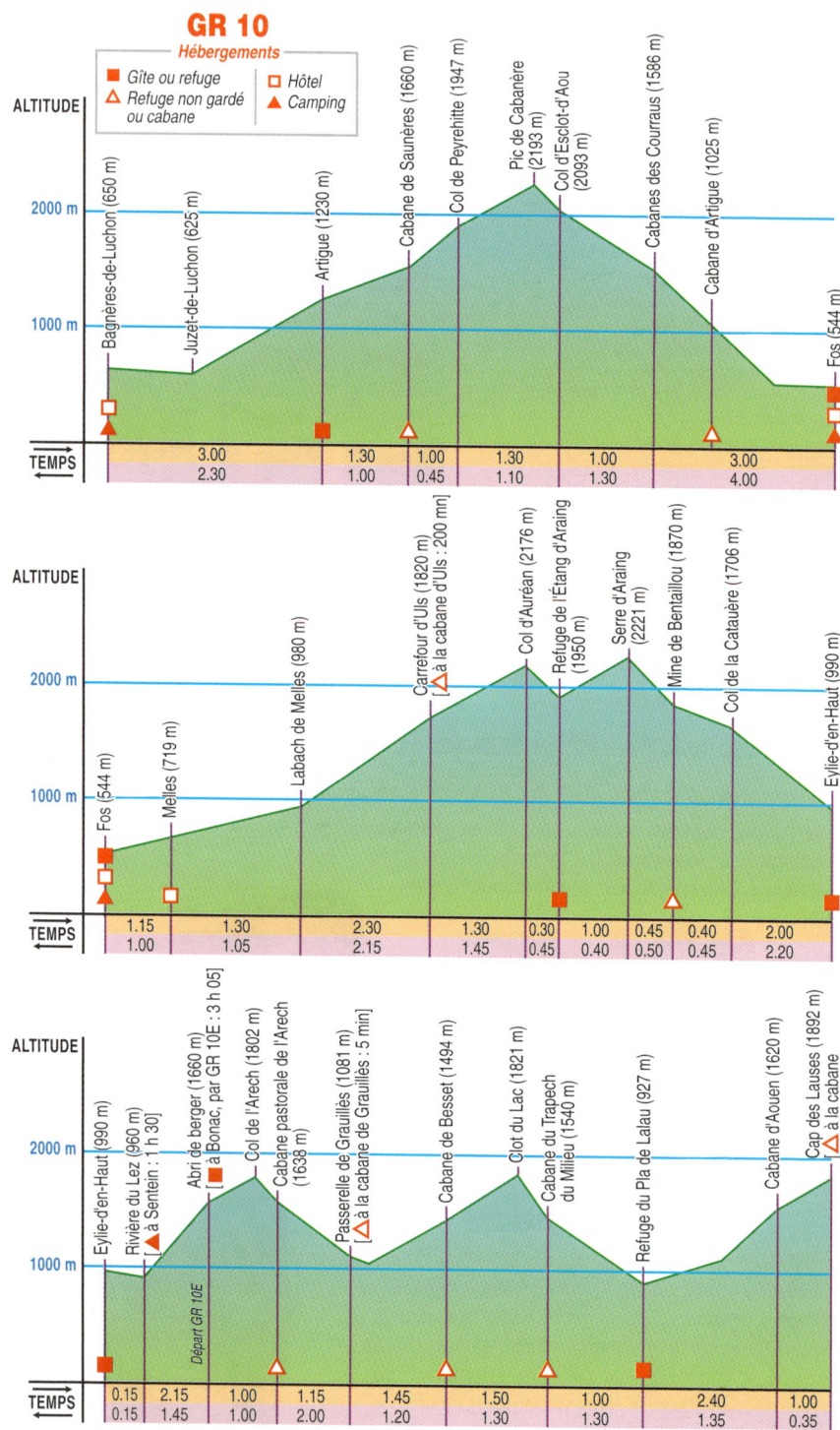

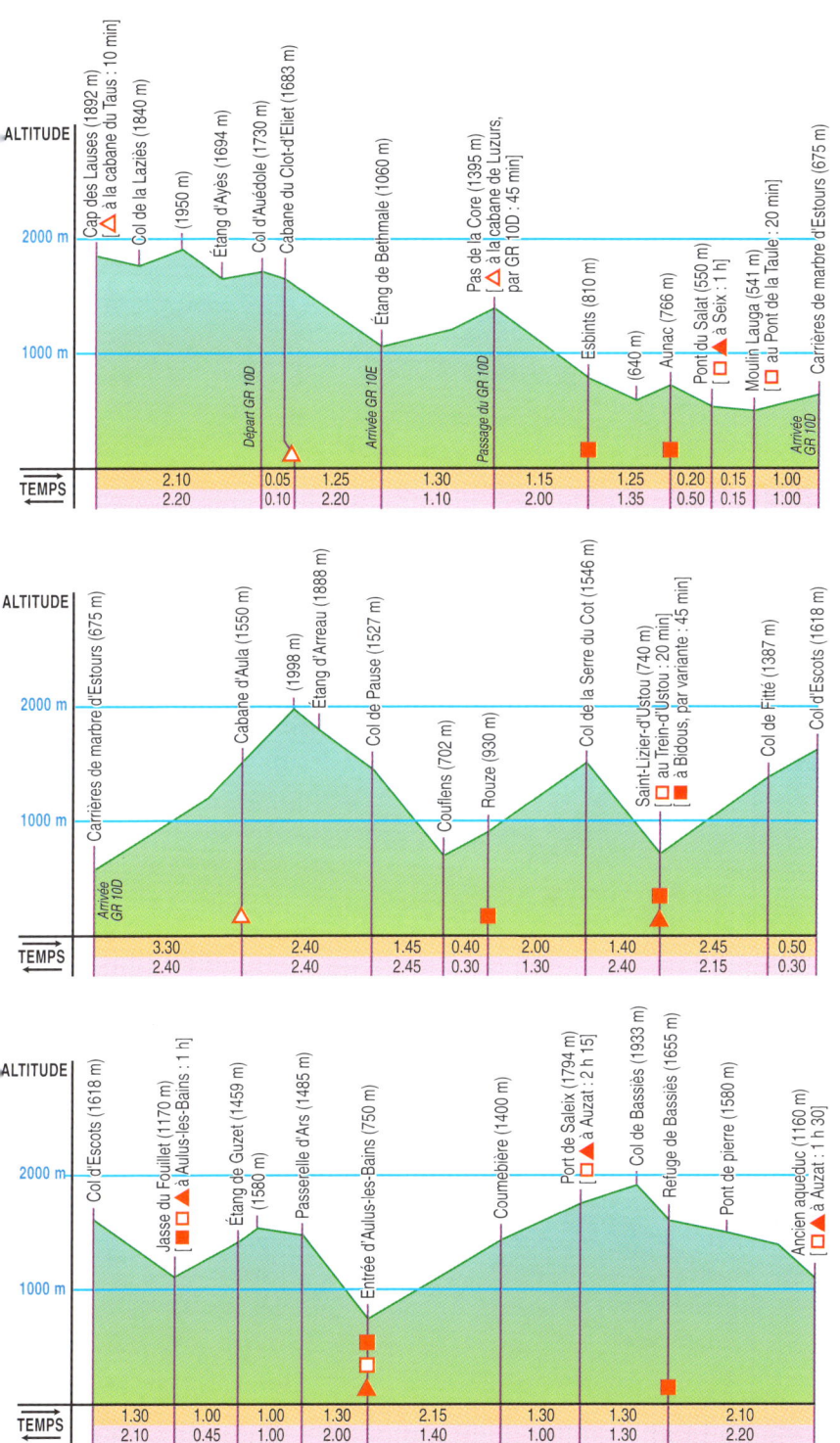

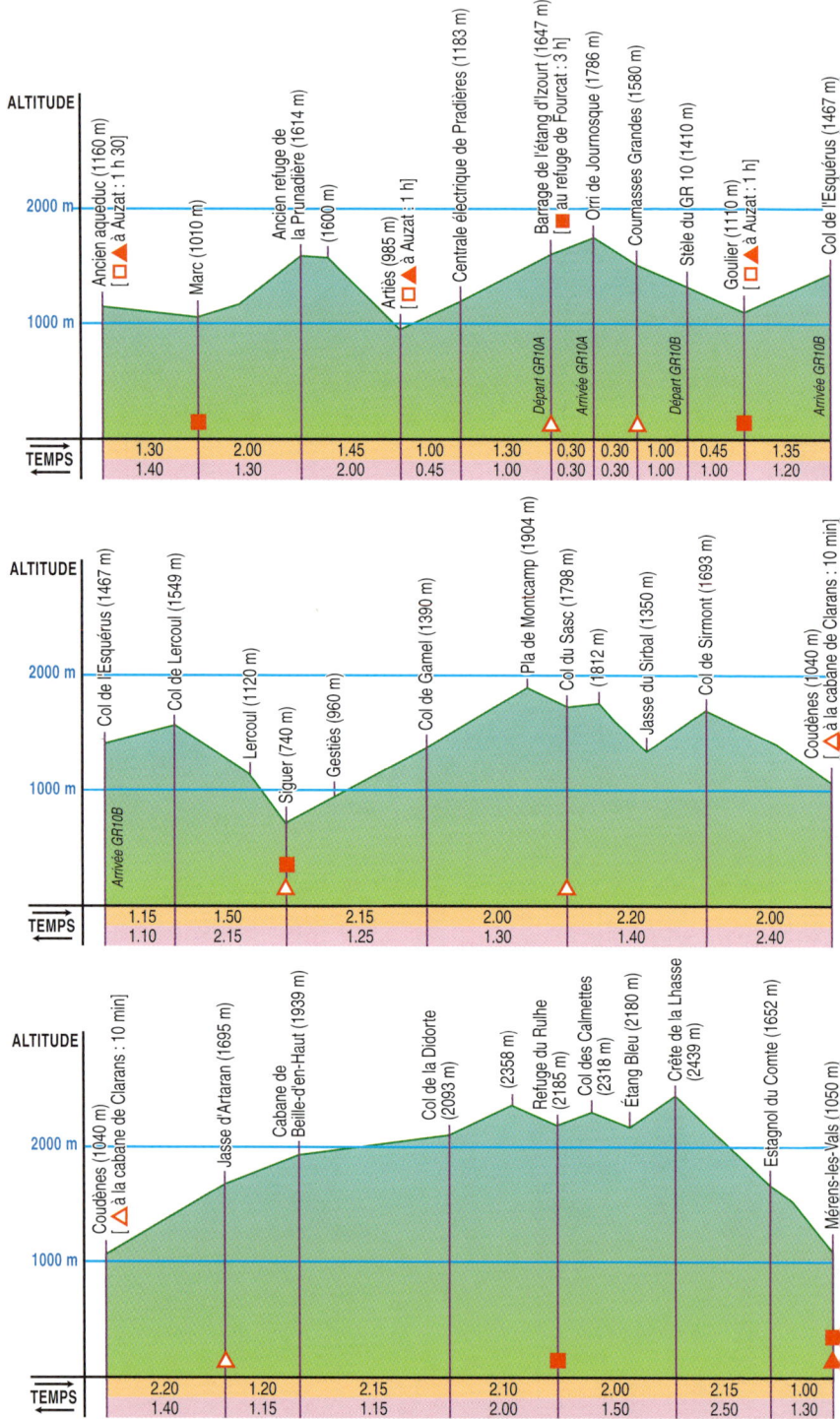

# INFOS PRATIQUES

## Avant de partir… en randonnée

### Difficultés, période conseillée

• En hiver, le GR® 10 obéit à des règles de montagne. En zone aménagée, il obéit à des règles de prudence, de connaissance du milieu enneigé, et de pratique en milieu hostile. Les années de faible enneigement, les cols sont praticables dès la mi-juin bien qu'encore enneigés. Fin juin est l'époque la plus favorable, les jours sont longs et la floraison est intense.

• Course en général de moyenne montagne, le GR® 10 est à la portée de tout randonneur bien entraîné, habitué à la marche en terrain varié, parfois même accidenté et au port d'un sac chargé. Il emprunte presque toujours un chemin existant jalonné, de la simple trace d'alpage au tronçon de route, en passant par le chemin muletier et le sentier. Le seul danger à craindre est le mauvais temps (brouillard, neige ou orage) qui peut apporter de la difficulté.

### Les temps de marche

• Les temps de marche indiqués dans ce guide correspondent à une marche effective, sans pause ni arrêt, accomplie à la vitesse de 4 km/h. Sur un parcours comportant un dénivelé important, le calcul est différent : il faut considérer qu'un randonneur moyen effectue 300 m de montée et 400 à 500 m de descente à l'heure. Chacun doit interpréter ces temps en fonction de son chargement.

### Modifications d'itinéraires

• Depuis l'édition de ce topo-guide, les itinéraires décrits ont peut-être subi des modifications rendues nécessaires par l'exploitation agricole ou forestière, le remembrement, les travaux routiers, les intempéries, etc. Il faut alors suivre le nouvel itinéraire balisé.

• Ces modifications, quand elles ont une certaine importance, sont disponibles, sur demande, au Centre d'information de la Fédération (voir page 18) et sur le site Internet www.ffrandonnee.fr.

Les renseignements fournis dans ce topo-guide, exacts au moment de l'édition de l'ouvrage, ainsi que les balisages n'ont qu'une valeur indicative et n'engagent en aucune manière la responsabilité de la Fédération française de la randonnée pédestre. Ils n'ont pour objet que de permettre au randonneur de trouver plus aisément son chemin et de suggérer un itinéraire intéressant.

• C'est au randonneur d'apprécier si ses capacités physiques et les conditions du moment (intempéries, état du sol…) lui permettent d'entreprendre la randonnée, et de prendre les précautions correspondant aux circonstances.

### Recommandations

• Le randonneur parcourt l'itinéraire décrit, qui utilise le plus souvent des voies publiques, à ses risques et périls. Il reste seul responsable, non seulement des accidents dont il pourrait être victime, mais des dommages qu'il pourrait causer à autrui tels que feux de forêts, pollutions, dégradations,…

• Certains itinéraires empruntent des voies privées : le passage n'a été autorisé par le propriétaire que pour la randonnée pédestre exclusivement.

• De ce qui précède, il résulte que le randonneur a intérêt à être bien assuré. La Fédération française de la randonnée pédestre et ses associations délivrent une licence ou une Randocarte incluant une telle assurance.

• N'abandonner aucun détritus, objets en verre (cassés ou non), boîtes de conserve, boîtes et sacs en « plastique », ne jamais les enterrer, mais les emporter pour les jeter sur les décharges publiques ou dans les poubelles.

• Se rappeler qu'il est interdit de fumer et de faire du feu dans les forêts ou même à proximité de leurs lisières ; pas de feu non plus près des meules de foin ou de paille, des tas de bois, des haies, etc. Ne jamais abandonner un feu sans en avoir soigneusement éteint les braises et ensuite dispersé les cendres.

• Se conformer strictement à la réglementation applicable à l'intérieur des parcs nationaux et régionaux, et à celle qui concerne le camping. Se renseigner auprès des autorités compétentes (gardes, maires, agents de l'ONF, etc.)

## INFOS PRATIQUES

- Tenir les chiens en laisse, surtout à proximité des habitations et des troupeaux, ainsi qu'en forêt et dans les parcs où une réglementation existe.
- Conduisez-vous partout en invités discrets, dans ce milieu rural qui vous accueille, vous êtes partout chez quelqu'un.
- Sur certains tronçons du GR® 10, l'hébergement sommaire dans des cabanes peu confortables est souvent obligatoire : prévoir duvet et matelas légers, bougies, petit réchaud et ravitaillement.

## Se rendre et se déplacer dans la région

### Train

Le GR® 10 est accessible en train à partir des gares de Bagnères-de-Luchon (ligne Toulouse – Montréjeau-Gourdan-Polignan puis Montréjau – Bagnères-de-Luchon) et Mérens-les-Vals (ligne Toulouse – La Tour-de-Carol).
Renseignements SNCF, tél. 36 35 ou www.voyages-sncf.com

### Cars privés

- Sentein et Bordes-sur-Lez : cars Émile Rives tél. 05 61 66 26 56 pour Saint-Girons.
- Saint-Lizier-d'Ustou : cars Denamiel, tél. 05 61 66 24 37 pour Saint-Girons, Pont-de-la-Taule et Ustou.
- Aulus-les-Bains, Oust, Castet-d'Aleu : cars Amiel tél. 05 61 66 08 87 pour Saint-Girons et Toulouse.
- Auzat : SALT Autocars, tél. 05 34 01 21 50, pour Tarascon-sur-Ariège et Foix.
- Cars Amiel : tél. 06 07 86 58 20
- Cars Salt : tél. 05 34 01 02 40

## Hébergements, restauration, commerces et services

### Se loger

On peut se loger chaque soir sur l'itinéraire ou à proximité immédiate. Les formules d'hébergement sont diverses et variées (gîtes d'étape, refuges, hôtels, chambres d'hôtes ou chez l'habitant, campings, etc.). Pour les gîtes d'étape et refuges, renseignez-vous auprès du logeur pour savoir s'il faut emporter son sac ou son drap de couchage. La réservation est vivement recommandée (des arrhes pourront vous être demandées). La liste présentée se veut exhaustive, sans jugement sur la qualité de l'accueil et le confort. Certains de ces établissements peuvent être labellisés.

### Se restaurer

Un bon petit-déjeuner pour commencer la journée, un bon dîner le soir à l'étape : c'est cela aussi la randonnée. Là encore, les formules sont variées (repas au gîte, à l'hôtel, tables d'hôtes, restaurants fermes-auberges, etc.). Dans certains gîtes d'étape, on peut préparer soi-même son dîner et petit déjeuner, renseignez-vous auprès des propriétaires. Un forfait demi-pension est souvent proposé (nuit, dîner, petit déjeuner).

### Rando Accueil

Les établissements Rando Accueil sont sélectionnés pour leur convivialité et leur environnement de qualité ; en outre, ils proposent des conseils personnalisés pour découvrir les itinéraires de randonnée alentour. www.rando-accueil.com

# INFOS PRATIQUES

## Liste des hébergements

Pour faciliter la lecture, les hébergements sont cités dans le sens du parcours

Les informations données ci-dessous, exactes au moment de cette édition, peuvent changer. Il est prudent de vérifier.

## SUR LE GR® 10

### Haute-Garonne

**Luchon (31110)**
• **Nombreux hôtels**, s'adresser à l'Office du tourisme, tél. 05 61 79 21 21, luchon@luchon.com, www.luchon.com.

**Artigue (31110)**
• **Gîte d'étape et table d'hôtes**, Mme Laurens, tél. 05 61 94 36 15, 15 personnes, ouvert toute l'année.

**Fos (31440)**
• **Gîte d'étape**, M. Ragné, place du Sarramoulin, tél. 05 61 79 13 18 ou 05 61 94 98 59, mpv@paysdelours.com (hors-saison), 18 places, ouvert toute l'année, restauration, demi-pension sur réservation.
• **Hôtel** *La Gentilhommière*, M. Renard, tél. 05 61 79 29 00, 26 places, fermé en nov., demi-pension sur réservation.
• **Camping de Fos**, M. et Mme Rodriguez, tél. 05 67 51 10 00, 50 places, ouvert toute l'année.

**Melles (31440)**
• **Auberge du** *Crabère*, M. Beauchet, tél. 05 61 79 41 99, patrick.beauchet@wanadoo.fr, 4 lits.

### Ariège

**Etang-d'Araing (09800 Sentein)**
• **Refuge**, Anoura Barré et Johan Azéma, tél. 05 61 96 73 73 (refuge) et 06 30 01 45 40 ou 06 88 49 46 07 (gardiens), 50 places, hors gardiennage (refuge d'hiver) : local de 12 places, refuge gardé du 1er juin au 30 sept. et les week-ends de mai, octobre et nov. sur réservation.

**Eylie-d'en-Haut (09800 Sentein)**
• **Gîte d'étape**, Claude Taranne, tél. 05 61 96 14 00, gite.eylie@wanadoo.fr, 20 places, ouvert toute l'année.

**Refuge du Pla-de-Lalau (09140 Castillon)**
• Se renseigner à l'Office du tourisme de Castillon, tél. 05 61 96 72 64.
Refuge gardé, ouverture prévue en 2009.

**Esbints (09140 Seix)**
• **Gîte d'étape**, tél. 05 61 66 86 83, gilache@wanadoo.fr, 10 places, repas et ravitail-lement possible, ouvert toute l'année.

**Aunac (09140 Seix)**
• **Gîte d'étape** *La Souleille d'Aunac*, Mme et M. Le Guillou, tél. 05 61 66 82 15, pyreneesanes@free.fr, www.pyrenees-anes.com, 20 places, ouvert toute l'année.

**Seix (09140), hors GR® à 4 km**
• **Auberge du** *Haut Salat*, tél. 05 61 66 88 03, 8 chambres, ouvert toute l'année.

**Pont de la Taule (09140 Seix), hors GR® à 1,5 km**
• **Auberge des** *Deux Rivières*, tél. 05 61 66 83 57, 10 chambres.

**Rouze (09140 Ustou)**
• **Gîte d'étape**, M. et Mme Gatti, tél. 05 61 66 95 45, gattijp@aol.com, 14 places, ouvert de juin à mi-septembre.

**Le Trein-d'Ustou (09140 Ustou), hors GR® à 1,5 km**
• **Auberge** *Les Ormeaux*, tél. 05 61 96 53 22, 6 chambres.

**Saint-Lizier-d'Ustou (09140)**
• **Gîte d'étape** *Rando Accueil La Colline Verte*, Yann Cornic, tél. 05 61 04 68 17, yann@gite-colline-verte.com, www.gite-colline-verte.com, 25 places, ouvert toute l'année.

**Bidous (09140 Ustou), sur variante**
• **Gîte d'étape** *Rando Accueil L'Escolan*, Yann Cornic, tél. 05 61 96 58 72, escolan@gite-ariege-pyrenees.com, www.gite-ariege-pyrenees.com, 18 places, ouvert toute l'année.

# INFOS PRATIQUES

## LISTE DES HÉBERGEMENTS

### Aulus-les-Bains (09140)
- **Gîte d'étape** *Le Presbytère*, Mme Martin, tél. 05 61 96 02 21, giteaulus@aol.com, 20 places, ouvert toute l'année.
- **Gîte d'étape** *La Goulue*, Mme Dubois, tél. 05 61 66 53 01, ouvert toute l'année.

### Bassiès (09220 Auzat)
- **Refuge**, M. Dupui, tél. 06 89 40 65 00 (gardien) ou 05 61 64 87 53 (Office du tourisme d'Auzat-Vicdessos), 50 places, gardé du 1er juin au 30 sept., possibilité de réserver hors saison (local de 15 places).

### Auzat (09220), hors GR® à 1 h
- **Hôtel** *Hivert*, tél. 05 61 64 88 17, 18 chambres.

### Marc (09220 Auzat)
- **Gîte d'étape** *Association Marc et Montmija*, tél. 05 61 64 88 54, 18 places, fermé de novembre à mars.

### Goulier (09220)
- **Gîte d'étape** *Relais d'Endron*, M. Luc Jallais, tél. 05 61 03 87 72, accueil@relais-endron.com, www.pyrenees-gites.com, 43 places, ouvert toute l'année sur réservation, repas et ravitaillement possible, *réduction de 5 % sur présentation de la licence FFRandonnée*.

### Siguer (09220)
- **Gîte d'étape**, M. Scheffer, tél. 06 07 59 57 05, ouvert du 15 juin au 15 sept.

### Rulhe (09310 Aston)
- **Refuge**, tél. 05 61 65 65 01 ou 06 74 24 50 71 (gardien), www.rulhe.com, 50 places, dortoir ou chambres de 4 personnes, douche, couvertures, ouvert du 1er juin au 30 sept et les week-ends en hiver sur réservation.

### Mérens-les-Vals (09580)
- **Gîte d'étape**, 1 étoile, Mme Fabert, Mérens-d'en-Haut, tél. 05 61 64 32 50, 35 places, ouvert du 1er février au 31 oct.

## Sur le GR® 10 E

### Bonac (09100)
- **Gîte d'étape** *Relais Montagnard*, tél. 05 61 04 97 57, 25 places, ouvert toute l'année.

## Sur le GR® 10 A

### Fourcat (09220 Auzat)
- **Refuge**, M. Bringay, tél. 05 61 65 43 15 (refuge 06 85 77 64 47 (gardien), 45 places, gardé du 1er juillet au 15 sept., possibilité d'accueil de groupe en juin et septembre : local de 12 places.

## Sur le GRP® Tour du Val du Garbet

### Oust (09140), hors GRP®
- **Hôtel-restaurant de la** *Poste*, tél. 05 61 6 86 33, 26 chambres.

### La Bernadole (Aleu, 09320)
- **Gîte d'étape** *La Bernadole*, M. Marongin, té 05 61 96 89 91, www.pyrenees-gites.com 30 places, ouvert toute l'année.

### Cominac (09140 Ercé)
- **Gîte d'étape** *Rando Accueil La Comté*, Mich et Véronique Blavet, tél. 05 61 66 95 79, fa 05 61 96 57 25, 29 places, ouvert toute l'anné sauf en avril.

### Aulus-les-Bains (09140)
- **Gîte d'étape** *Le Presbytère*, Mme Martin, té 05 61 96 02 21, giteaulus@aol.com, 20 place ouvert toute l'année.
- **Gîte d'étape** *La Goulue*, Mme Dubois, tél. 05 6 66 53 01, ouvert toute l'année.

### Bidous (09140 Ustou), sur variante
- **Gîte d'étape** *Rando Accueil L'Escolan*, Yann Cornic, tél. 05 61 96 58 72, escolan@gite-ariege-pyrenees.com, www.gite-ariege-pyrenees.com, 18 places, ouvert toute l'année.

### Saint-Lizier-d'Ustou (09140)
- **Gîte d'étape** *Rando Accueil La Colline Vert* Yann Cornic, tél. 05 61 04 68 17, yann@gite-colline-verte.com, www.gite-colline-verte.com, 25 places, ouvert toute l'année.

### Le Trein-d'Ustou (09140 Ustou)
- **Auberge** *Les Ormeaux*, tél. 05 61 96 53 2 6 chambres.

# INFOS PRATIQUES

### unac (09140 Seix)
• **Gîte d'étape** *La Souleille d'Aunac*, F. et C. e Guillou, tél. 05 61 66 82 15, ww.pyrenees-anes.com, 20 places, uvert toute l'année.

### ur le GRP® Tour du Biros

### tang-d'Araing (09800 Sentein), hors GRP® 10 mn
**Refuge**, Anoura Barré et Johan Azéma, tél. 5 61 96 73 73 (refuge) et 06 30 01 45 40 ou 6 88 69 46 07 (gardiens), 50 places, gardé du er juin au 30 sept. et les week-ends de mai, ctobre et novembre sur réservation, hors ardiennage (refuge d'hiver) : local de 12 places.

### Eylie-d'en-Haut (09800 Sentein)
• **Gîte d'étape**, Claude Taranne, tél. 05 61 96 14 00, gite.eylie@wanadoo.fr, 20 places, ouvert toute l'année.

### Bonac (09100)
• **Gîte d'étape** *Relais Montagnard*, tél. 05 61 04 97 57, 25 places, ouvert toute l'année.

### Tableau de ressources (lecture des localités)

| | |
|---|---|
| | Localité sur le parcours du **GR®** |
| | Localité sur le parcours d'un autre **GR®** |
| | Localité **hors GR®** |
| | Liaison ou variante sur le parcours d'un **GR®** |

**TABLEAU DES RESSOURCES PAR LOCALITÉ**

Légende icônes : **GR® 10** | Hôtel | Gîte d'étape | Refuge non gardé ou cabane | Camping | Ravitaillement | Restaurant | Café | Office de tourisme | Car | Train

| Temps | LOCALITÉS | Pages | 🏠 | 🏡 | ⛺ | 🛒 | 🍴 | ☕ | ℹ️ | 🚌 | 🚆 |
|---|---|---|---|---|---|---|---|---|---|---|---|
| | BAGNÈRES-DE-LUCHON | 23 | • | | | • | • | • | • | • | • | • |
| 3h | ARTIGUE | 23 | | • | | | • | | | | | |
| 8h | FOS | 29 | • | • | | • | • | | | | | |
| 1h15 | MELLES | 29 | • | | | | • | | | | | |
| 6h | REFUGE DE L'ÉTANG-D'ARAING | 33 | | • | | | | | | | | |
| 4h25 | EYLIE-D'EN-HAUT | 35 | | • | | | | | | | | |
| 15mn | SENTEIN (hors GR + 1 h 30) | 35 | | | | • | • | | | • | | |
| 3h15 | CABANE DE L'ARECH | 37 | | | • | | | | | | | |
| 1h15 | CABANE DE GRAUILLÈS + 5 mn | 37 | | | • | | | | | | | |
| 1h45 | CABANE DE BESSET | 39 | | | • | | | | | | | |
| 1h50 | CABANE DU TRAPECH-DU-MILIEU | 39 | | | • | | | | | | | |
| 1h | REFUGE DU PLA-DE-LALAU (ouverture en 2009) | 41 | | • | | | | | | | | |
| 3h40 | CABANE DU TAUS + 10 mn | 41 | | | • | | | | | | | |
| 2h15 | CABANE DU CLOT-D'ÉLIET | 43 | | | • | | | | | | | |
| 4h10 | ESBINTS | 43 | | • | | | | | | | | |
| 1h25 | AUNAC | 47 | | • | | | | | | | | |
| 20mn | SEIX (hors GR + 1 h) | 47 | • | | | • | • | • | • | • | | |
| 15mn | PONT DE LA TAULE (hors GR + 20 mn) | 47 | • | | | | • | | | | | |
| 4h30 | CABANE D'AULA (réouverture 2008/2009) | 49 | | | • | | | | | | | |
| 5h05 | ROUZE | 49 | | • | | | | | | | | |
| | LE TREIN D'USTOU, par GRP + 20 mn | 51 | • | | | | • | | | | | |
| 3h40 | SAINT-LIZIER-D'USTOU | 51 | | • | | | • | • | | | | |

## TABLEAU DES RESSOURCES PAR LOCALITÉ

**GR 10**

Légende : Hôtel · Gîte d'étape · Refuge non gardé ou cabane · Camping · Ravitaillement · Restaurant · Café · Office de tourisme · Car · Train

| Temps | RESSOURCES / LOCALITÉS | Pages | 🏠 | ⛺ | ⛺ | ⛺ | 🛒 | 🍴 | ☕ | ℹ️ | 🚌 | 🚆 |
|---|---|---|---|---|---|---|---|---|---|---|---|---|
| | BIDOUS, par variante + 30 mn | 51 | | • | | | | | | | | |
| 2h45 | GUZET-NEIGE (hors GR + 30 mn) | 51 | | | | | • | • | | • | | |
| 5h50 | AULUS-LES-BAINS | 55 | • | • | | | • | • | • | • | • | |
| 5h15 | REFUGE DE BASSIÈS | 57 | | • | | | | | | | | |
| 2h10 | AUZAT (hors GR + 1 h) | 57 | • | | | | • | • | • | • | • | |
| 1h30 | MARC | 57 | | • | | | | | | | | |
| 3h45 | AUZAT (hors GR + 1 h) | 59 | • | | | | • | • | • | • | • | |
| 2h30 | BARRAGE DE L'ÉTANG D'IZOURT | 63 | | | • | | | | | | | |
| 1h | LES COUMASSES-GRANDES | 63 | | | • | | | | | | | |
| 1h45 | GOULIER | 65 | | • | | | | | | | | |
| | hors GR pour AUZAT + 1 h | 65 | • | | | | • | • | • | • | • | |
| 4h40 | SIGUER | 67 | | • | | | | | | | | |
| 4h15 | COL DU SASC | 67 | | | • | | | | | | | |
| 4h25 | CABANE DE CLARANS (hors GR + 10 mn) | 69 | | | • | | | | | | | |
| 2h15 | JASSE D'ARTARAN | 69 | | | • | | | | | | | |
| 5h45 | REFUGE DU RHULE | 71 | | • | | | | | | | | |
| 5h15 | MÉRENS-LES-VALS | 71 | | • | | • | • | • | | | • | • |

### GR 10E

| | BONAC | 75 | | • | • | | | | | | | |

### GR 10D

| | CABANE DE LUZURS | 79 | | | • | | | | | | | |

### GR 10A

| | REFUGE DU FOURCAT | 85 | | • | | | | | | | | |

### GR de Pays

| | TOUR DU VAL DU GARBET | 89 | | | | | | | | | | |
| | GÎTE DE LA BERNADOLE | 89 | | • | | | | | | | | |
| 3h50 | GÎTE DE LA COMTÉ | 89 | | • | | | | | | | | |
| 6h30 | AULUS-LES-BAINS | 93 | • | • | | | • | • | • | • | • | |
| 3h10 | hors GR pour GUZET-NEIGE + 45 mn | 95 | | | | | • | • | | • | | |
| 1h40 | BIDOUS, sur variante, + 40 mn | 95 | | • | | | | | | | | |
| 20mn | SAINT-LIZIER-D'USTOU | 95 | | • | | • | • | • | | | | |
| 15mn | LE TREIN-D'USTOU | 95 | • | | | | | • | | | | |
| 6h50 | LA SOUELLE-D'AUNAC | 97 | | • | | | | | | | | |
| 4h30 | OUST (accès) + 1 h 30 | 99 | • | | | | • | • | | | • | |
| | TOUR DU BIROS | 101 | | | | | | | | | | |
| | REFUGE DE L'ÉTANG-D'ARAING, par GR®10 + 10 mn | 101 | | • | | | | | | | | |
| 4h20 | EYLIE-D'EN-HAUT | 105 | | • | | | | | | | | |
| 3h15 | CABANE DE L'ARECH | 105 | | | • | | | | | | | |
| 1h15 | CABANE DE GRAUILLÈS (hors GR + 10 mn) | 107 | | | • | | | | | | | |
| 5h45 | BONAC | 109 | | • | | | | | | | | |

16 • GR®10 • Les Pyrénées Ariégeoises

# INFOS PRATIQUES

## S'équiper et s'alimenter durant la randonnée

### S'équiper

Pour partir à pied plusieurs jours dans la nature, mieux vaut emporter un minimum d'équipement :
- des vêtements de randonnée adaptés à tous les temps (vent, froid, orage, pluie, neige, chaleur, etc.) ;
- des chaussures de marche adaptées au terrain et à vos pieds ;
- un sac à dos ;
- un sac et un drap de couchage pour certains gîtes d'étape ou refuges qui ne fournissent pas le nécessaire ou si vous campez. N'oubliez pas de demander lors de votre réservation.
- des accessoires indispensables (gourde, couteau, pharmacie, lampe de poche, boussole, grand sac poubelle pour protéger le sac à dos, chapeau, bonnet, gants, lunettes de soleil et crème solaire, papier toilette et couverture de survie).

### S'alimenter

Pensez à vous munir d'aliments énergétiques riches en protéines, glucides et fructose, tels que des barres de céréales, pâtes de fruits, fruits secs. Le chocolat est également un bon aliment énergétique, mais il présente l'inconvénient de fondre à l'intérieur du sac.
Pensez aussi à boire abondamment, mais attention à ne pas prendre n'importe quelle eau en milieu naturel.
Munissez-vous dans ce cas de pastilles purificatrices.

# INFOS PRATIQUES

## Adresses utiles

### Randonnée

- **Centre d'information de la Fédération française de la randonnée pédestre**, 64 rue du Dessous-des-Berges, 75013 Paris, tél. 01 44 89 93 93, www.ffrandonnee.fr
- **Comité départemental de la randonnée pédestre de la Haute-Garonne**, 5, port Saint-Sauveur, 31000 Toulouse, tél./fax 05 34 31 58 31, cdrp31@free.fr, http://cdrp31.free.fr
- **Comité départemental de la randonnée pédestre de l'Ariège**, 17, cours Irénée-Cros, 09000 Foix, tél. 05 34 09 02 09, contact@cdrp09.com, www.cdrp09.com
- **Comité régional de la Randonnée Pédestre Midi-Pyrénées**, Maison des Sports, rue Buissonnière, BP 701, 31683 Labège cedex, tél. 05 62 24 18 77, www. randonnees-midi-pyrenees.com

### Comité départemental du tourisme (CDT)

- CDT Ariège-Pyrénées, 31bis, avenue du Général-De-Gaulle, BP 143, 09004 Foix Cedex, tél. 05 61 02 30 70, www.ariegepyrenees.com
- CDT Haute-Garonne, 14, rue Bayard, BP 845, 31015 Toulouse Cedex 6, www.tourisme-haute-garonne.com

### Offices du tourisme

- Bagnères-de-Luchon, tél. 05 61 79 21 21
- Biros-Sentein, tél. 05 61 96 10 90
- Haut-Couserans, tél. 05 61 96 00 01
- Castillon-en-Couserans, tél. 05 61 96 72 64
- Auzat-Vicdessos, tél. 05 61 64 87 53
- Ax-les-Thermes, tél. 05 61 64 60 60

### Autres adresses

- Parc naturel des Pyrénées ariégeoises (proje Unjat, 09240 La Bastide-de-Sérou, tél. 05 61 02 71 6 www.projet-pnr-pyrenees-ariegeoises.com
- Conservatoire des « montreurs d'ours » exposition, mairie, 09140 Ercé, tél. 05 61 66 86 0

### Secours et météo

- Gendarmerie de Haute-Montagne de Savigna les-Ormeaux, tél. 05 61 64 22 58.
- Météo, 32 50 ou www.meteo.fr

### Sites

www.ariege.com
www.gites-refuges.com

## Bibliographie, cartographie

### Bibliographie

- *L'Ours, du mythe à la réalité*, Association Les Amis de l'Ours à Saint-Lary.
- *Pyrénées-Aquitaine*, Guide Bleu, éd. Hachette.
- *Pyrénées*, Guide Vert, éd. Michelin.
- Minvielle A.-M., *Randonnée pédestre*, éd. R. Laffont.- FFRandonnée.
- Mouraret A. et S., *Gîtes et refuges*, Rando Éditions. www.gites-refuges.com
- Mouraret A. et S., *Gîtes d'étape et refuges, France et frontières*, Rando Éditions.
- Salies P., *Quand l'Ariège changea de siècle*, éd. Résonances.
- Véron G., *Haute randonnée pyrénéenr* éd. Randonnées Pyrénéennes.

### Cartographie

Les cartes reproduites dans ce guide sont à 1 : 50 000. Toutefois, les cartes suivantes peuve être utiles :
- Cartes IGN au 1 : 25 000 n° 1947 OT, 2047 OT ET, 2048 OT, 2148 OT et ET et 2249 OT.
- Cartes IGN au 1 : 100 000 n° 70 et 71.
- Carte Michelin au 1 : 200 000 n° 86.
- Cartes Randonnées Pyrénéennes au 1 : 50 000

18 • GR®10 • Les Pyrénées Ariégeoises

# Découvrir les Pyrénées ariégeoises

PHOTOS DE GAUCHE À DROITE : Vache gasconne / photo Ph. Lambert ; Col de l'Araing / photo H. Besnier ; Église de Mérens-les-Vals / photo M. Doumenjou/CDRP 09 ; Crête des Calmettes / photo Ph. Lambert.

De l'Atlantique à la Méditerranée, le GR® 10 suit la chaîne pyrénéenne, longue de 430 km. Entre Haute-Garonne et Ariège, il invite le randonneur à découvrir, au fil des cols et des crêtes franchis, la diversité des vallées et des villages qui font le charme de ces montagnes. Depuis Bagnères-de-Luchon, l'itinéraire serpente dans la forêt, de cabanes en cabanes, avant d'arriver en Ariège, où la crête frontière culmine à 3 143 m, à la Pique d'Estats et où les reliefs secondaires sont cisaillés par des vallées profondes.

Mont Valier / photo M. Doumenjou-CDRP 09.

## LES PYRÉNÉES ARIÉGEOISES

MYRTILLES / DESSIN N. LOCOSTE

Toute la région montagneuse au cœur de la chaîne fait partie de la « zone axiale » taillée dans des roches très anciennes, qui ont été portées en altitude à l'ère tertiaire. On y trouve essentiellement des schistes, des granits et des gneiss. L'ensemble de l'édifice a subi une puissante érosion au quaternaire : les glaciers ont acéré les pics, entaillé les cirques, élargi les vallées.

Le GR® 10, traverse tout cela, donnant aussi un aperçu de la végétation pyrénéenne. Sur les pelouses d'altitude, vous verrez le redoutable « gispet », herbe fine et glissante aux extrémités piquantes, mais aussi le rhododendron, la myrtille, et la bruyère. Dans la forêt, l'arbre-roi est le hêtre ; le sapin très utilisé jadis par l'homme est plutôt rare, quelques pins à crochet arrivent parfois très haut (2 400 m).

Mais la montagne, c'est aussi l'histoire de l'Homme. Elle a toujours été exploitée : les jasses, les orris et les cabanes, les cairns, les croix, tout cela révèle la présence très ancienne des bergers et des troupeaux.

ORRI EN VALLÉE DE SOULCEM / PHOTO M. DOUMENJOU-CDRP

Les villages entourés de terrasses à l'abandon sont les témoins d'une civilisation moribonde qui reposait sur un formidable labeur sans cesse renouvelé. Les gens sont partis, mais ils ont laissé leurs marques sur les pentes.

Du luchonnais et du verdoyant Couserans, jusqu'au Lanous balayé déjà par des effluves chauds de la Méditerranée, le GR® 10 vous fera découvrir de merveilleux paysages. Si vous vous levez tôt et si vous avez de la chance, vous apercevrez quelquefois le blanc lagopède, le sombre tétras au vol sourd et, merveille des merveilles, le bel isard rapide, élancé, race traversant avec une facilité déconcertante le névé pentu.

Préparez bien votre randonnée et partez vite vers Fos ou Melles, vers Izourt ou vers les Bassiès, vers Goulier ou vers Aulus : les balises blanches et rouges du GR® 10 vous attendent, le sentier vous conduit ami vers les forêts, les estives et les cimes.

*Avec la participation de Michel Sébastien*

GÎTE D'ÉTAPE À EYLIE-D'EN-HAUT / PHOTO M. DOUMENJOU-CDRP 09.

## GRP® **Tour du Biros**

Le Tour du Biros conduit le randonneur au travers des fières montagnes du Biros en empruntant des chemins pastoraux ou d'estive, sentiers muletiers ou des mines.
Prisonnier de la chaîne frontière, il ne franchit pas véritablement les Pyrénées mais traverse quatre vallées en cul-de-sac et ne peut être plus près de cette montagne. Parfois tranquille, ou plus raide, voire un peu escarpé, l'itinéraire traverse des paysages sauvages d'une grande beauté, où le vert cru des forêts de hêtres s'effrite tout au long de l'été en de splendides mosaïques. Torrents et cascades grondent pour arroser des prairies verdoyantes où vaches et moutons paissent tranquillement en estives. Là, un pic se dresse et se reflète dans un lac. Sauvage serait le qualificatif à retenir sur ce pays jadis minier, aujourd'hui si peu peuplé.

Çà et là, l'Homme a laissé des cicatrices anciennes. Sa richesse, mais aussi ses souffrances ont imprégné tout le pays. Que reste-t-il aujourd'hui des mines abandonnées ? Un pylône, une galerie ou encore un tunnel sont autant de pages d'histoire tombées aujourd'hui dans l'oubli.

Riche d'un formidable passé où l'histoire rejoint parfois la légende, le Tour du Biros est enseignement, rencontre et découverte à chaque pas.

## GRP® **Tour du Val du Garbet**

Aux confins du Languedoc et de la Gascogne, avec pour horizon la crête frontière avec l'Espagne, se déploie la vallée du Garbet, ses hauts sommets, ses cols d'altitude et ses villages de montagne.

Cette terre authentique et ses habitants ont hérité conjointement de la vigueur des montagnes et de la douceur du piémont. Une boucle de cinq étapes conduit de gîte en gîte sur les pas des montreurs d'ours, qui voyagèrent loin en Europe et jusqu'aux Amériques. Au fond de la vallée, les thermes d'Alus-les-Bains diffusent leurs eaux bienfaitrices depuis le XIXe siècle. Des panoramas exceptionnels, les cascades d'Ars (110 m) et du Fouillet, des orris et des toits de chaume, une ancienne forge à la catalane, des zones d'estives, un ancien aérodrome d'altitude. La liste est grande de découvertes et de beautés qui vous enchanteront et vous laisseront de ces vallées, un souvenir d'espace et de paysages encore préservés.

LES PYRÉNÉES ARIÉGEOISES

PREMIÈRES NEIGES SUR LE BIROS / PHOTO C. TARANNE.

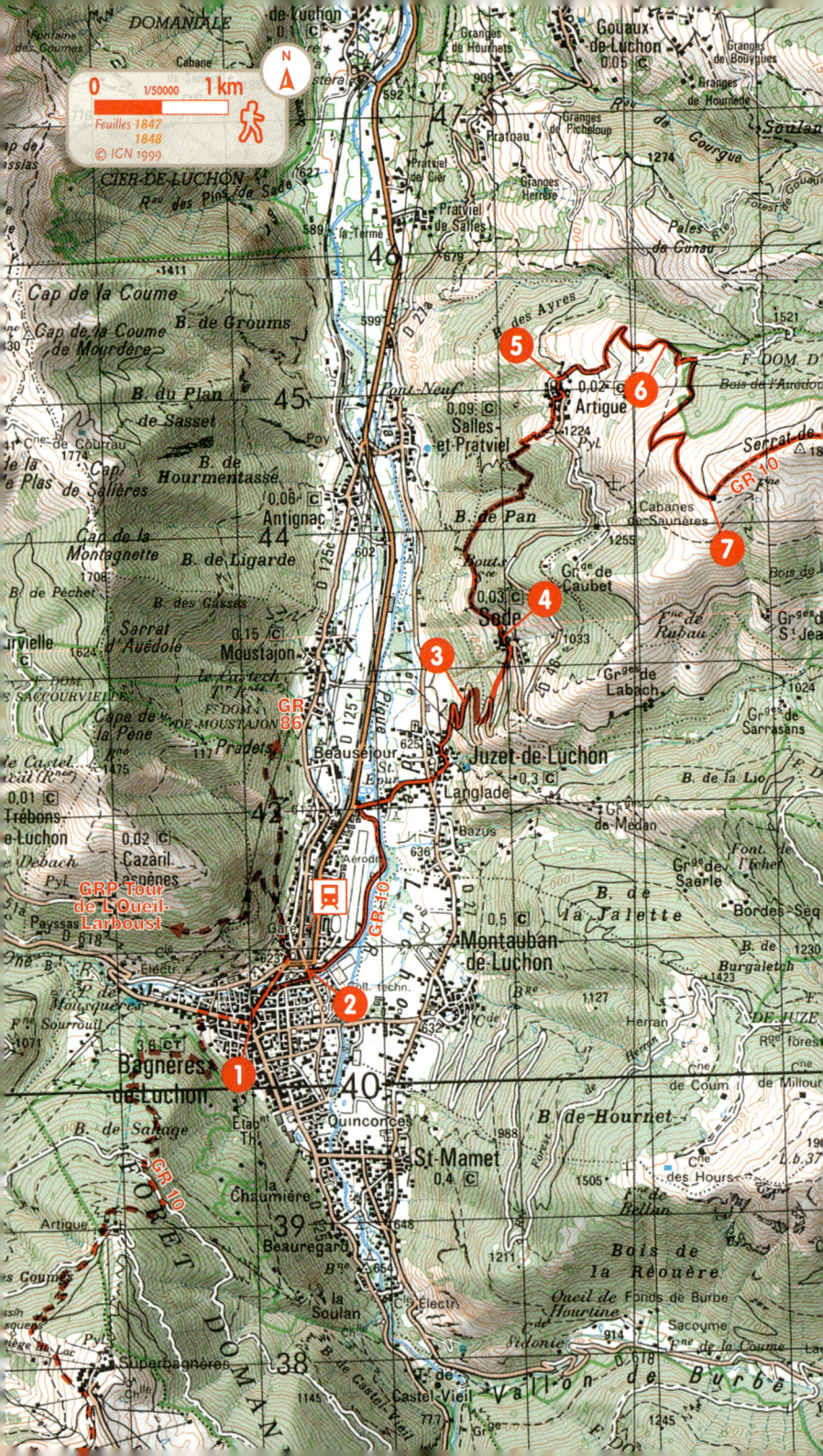

# Le sentier GR® 10
# De Bagnères-de-Luchon à Mérens-les-Vals

## De Bagnères-de-Luchon à Artigue    3 h

**Bagnères-de-Luchon >**

> Bagnères-de-Luchon, située au confluent de la Pique et de l'One, possède plus de 80 sources thermales connues depuis les Romains. Elles jaillissent à une température comprise entre 22° et 66° et sont utilisées dans le traitement des affections des voies respiratoires et des rhumatismes. La ville fut rendue célèbre par Richelieu qui vint y prendre les eaux en 1763.
Station thermale, thermes de Chambert XIXe, casino XIXe et parcs.

● Du centre de Bagnères-de-Luchon (650 m), emprunter l'avenue-du-Maréchal-Foch. Juste avant le pont, prendre à droite le quai Letulle en rive droite de l'One et déboucher sur le boulevard De-Gaulle.

**Hors GR® > vers la gare SNCF   500 m   5 mn**

Suivre le boulevard à gauche et continuer tout droit pour gagner la gare.

● Continuer en rive gauche par la rue Jean-Mermoz à droite. Poursuivre en bordure de la rivière par le chemin de l'aérodrome, puis prendre la D 46 à droite. Elle franchit la rivière, traverse Juzet-de-Luchon et s'élève en lacets.

● Après le deuxième lacet, monter à droite par le sentier qui coupe à trois reprises la D 46 et la rejoint à 100 m de Sode.

● À l'église de Sode, poursuivre par le chemin en direction des Salles-et-Praviel (balise n°13) sur 50 m, puis bifurquer à droite et continuer dans le bois de Pan. Le sentier traverse une ravine puis s'élève en nombreux lacets et conduit dans le village d'Artigue (1 230 m).

## D'Artigue à la cabane de Saunères    1 h 30

**Artigue >** (table d'hôte)

● Derrière l'église, prendre le large chemin qui monte au nord-est. Obliquer à droite pour remonter le long du ruisseau sur 200 m avant de le traverser. Le sentier s'élève au nord, tourne à droite à angle aigu avant le bois, puis décrit une courbe avant d'atteindre l'orée du bois de l'Auédau.

● Obliquer à droite (sud) puis, en deux lacets, parvenir à la cabane de Saunères (1 660 m).

Possibilité de trouver de l'eau (à 8 mn) vers l'est.

> Le site d'Artigue était occupé dès l'époque gallo-romaine (découverte de pièces romaines entre 1925 et 1930). Au Moyen Âge, sur la route vers Aran, plusieurs sanctuaires hospitaliers dépendaient de la puissante commanderie de l'Ordre de Saint-Jean-de-Jérusalem installée à Saint-Pierre-d'Hérontès.
À cette époque, Artigue a une montagne commune avec Salles. La bénédiction des troupeaux est toujours une fête pour laquelle les paysans viennent de la basse vallée.
On peut visiter l'église Saint-Pierre (Moyen Âge) : caractéristique des églises pyrénéennes, ce clocher à arcade est appelé « clocher-mur ». Il abrite deux cloches : la première (1928) dédiée aux saints Pierre et Paul. La seconde (1858) à Marie. Deux têtes barbues pourraient représenter Pierre et Paul.

## PATRIMOINE
## BAGNÈRES-DE-LUCHON

Source thermale connue des Romains, Bagnères-de-Luchon affiche ses contrastes architecturaux entre le gros bourg pyrénéen aux rues lovées autour de son église, ses maisons à lucarne et balcons festonnés de bois ouvragé, et l'urbanisme de la ville d'eau, à découvrir en parcourant les allées d'Étigny jusqu'aux thermes et ses villas nichées dans les parcs.

En 1760, le baron d'Étigny fit ouvrir les allées du village aux « baigneries », quatre rangs de tilleuls y furent plantés. Il fallut les faire garder par une compagnie de dragons pour en empêcher l'arrachage par les luchonnais expropriés.

THERMES DE BAGNÈRES-DE-LUCHON
PHOTO J.-M. CLASSE/CDRF

Le Duc de Richelieu vint prendre les eaux de Luchon en 1763. La station thermale avait conquis la Cour et... ses lettres de noblesse. Bagnères-de-Luchon était née.

**Pour avoir un aperçu de Bagnères-de-Luchon :**

Partir de la place Joffre devant l'église vers le sud par les allées d'Étigny jusqu'aux thermes de Chambert (architecte de ce bâtiment). Architecte néoclassique des années 1850 : le grand hall - voûtes et arcades - escaliers monumentaux méritent la visite (ouvert le matin).

En remontant vers le bourg, à la naissance des allées, prendre à droite l'avenue Bonnemaison, traverser le cours des Quinconces pour rejoindre l'allée des bains et longer le parc du Casino en remontant vers le nord le boulevard H.-de-Gorsse que borde la Pique.

Villas néoclassiques, chalets russes, maisons de style gothique anglais, architectures insolites se sont établis de part et d'autre du torrent.

Le casino, construit par l'architecte Castel en 1880, aménagé au cours du temps, est un espace de fêtes où les styles les plus contrastés se côtoient, des salles de jeux au restaurant, en passant par le petit théâtre, architecture éclectique, style renaissance, modern-style et inspiration mauresque.

Ces bâtiments publics, ces chalets, ces allées et parcs ombragés furent fréquentés au XIXe siècle par la fleur de la littérature, de Victor Hugo à Flaubert, d'Alexandre Dumas à Jean Rostand.

Le boulevard H.-de-Gorsse s'achève l'avenue de Montauban. Prendre à gauche boulevard de Fontan puis remonter vers le nord le boulevard du Général de Gaulle pour atteindre le quai de Letulle (on retrouve GR® 10 pour aller vers Juzet de Luchon).

24 • **GR®10** • Les Pyrénées Ariégeoises

## FAUNE ET FLORE
### LE PATOU

Le long de la crête frontière, le GR® 10 traverse une zone pastorale. De nombreux moutons, quelques vaches et des chevaux occupent les zones d'estive. Mais vous rencontrerez peut-être aussi le plus ancien auxiliaire du berger, le patou ou pastou (du vieux français « pastre » qui signifie berger).

Ce gros chien blanc, impressionnant par sa corpulence, sert à protéger les troupeaux des prédateurs tel que les ours, les loups ou les lynx contrairement au chien de conduite dont le rôle est de rassembler le troupeau. Né en bergerie, il tisse des liens très forts avec les moutons et vit de manière permanente avec le troupeau : l'été en montagne et l'hiver à la bergerie. L'arme du patou n'est pas l'attaque mais la dissuasion, par sa présence et sa grande taille il décourage de nombreuses agressions de prédateurs.

Un bon chien de protection prévient le berger de chaque intrusion dans un périmètre proche des moutons. Si vous rencontrez un troupeau mieux vaut garder ses distances et contourner l'aire de pâturage ou de repos des brebis, ne surtout pas tenter de caresser ou de nourrir un patou, un mouton ou un agneau, le chien pourrait interpréter ces gestes comme une agression. Face à un chien, gardez votre calme et faites demi-tour lentement ou bien arrêtez-vous : le chien vous

LE PATOU / PHOTO PH. LAMBERT

flairera, reconnaîtra un humain puis après vous avoir accompagné un moment pour s'assurer de vos intentions, repartira vers son troupeau. Si la présence de votre chien de compagnie est autorisée sur l'espace que vous fréquentez, tenez-le en laisse et restez au moins à 150 ou 200 m du troupeau. Si vous êtes à vélo, mieux vaut en descendre avant d'être à proximité du troupeau.

PATOU / DESSIN P. ROBIN

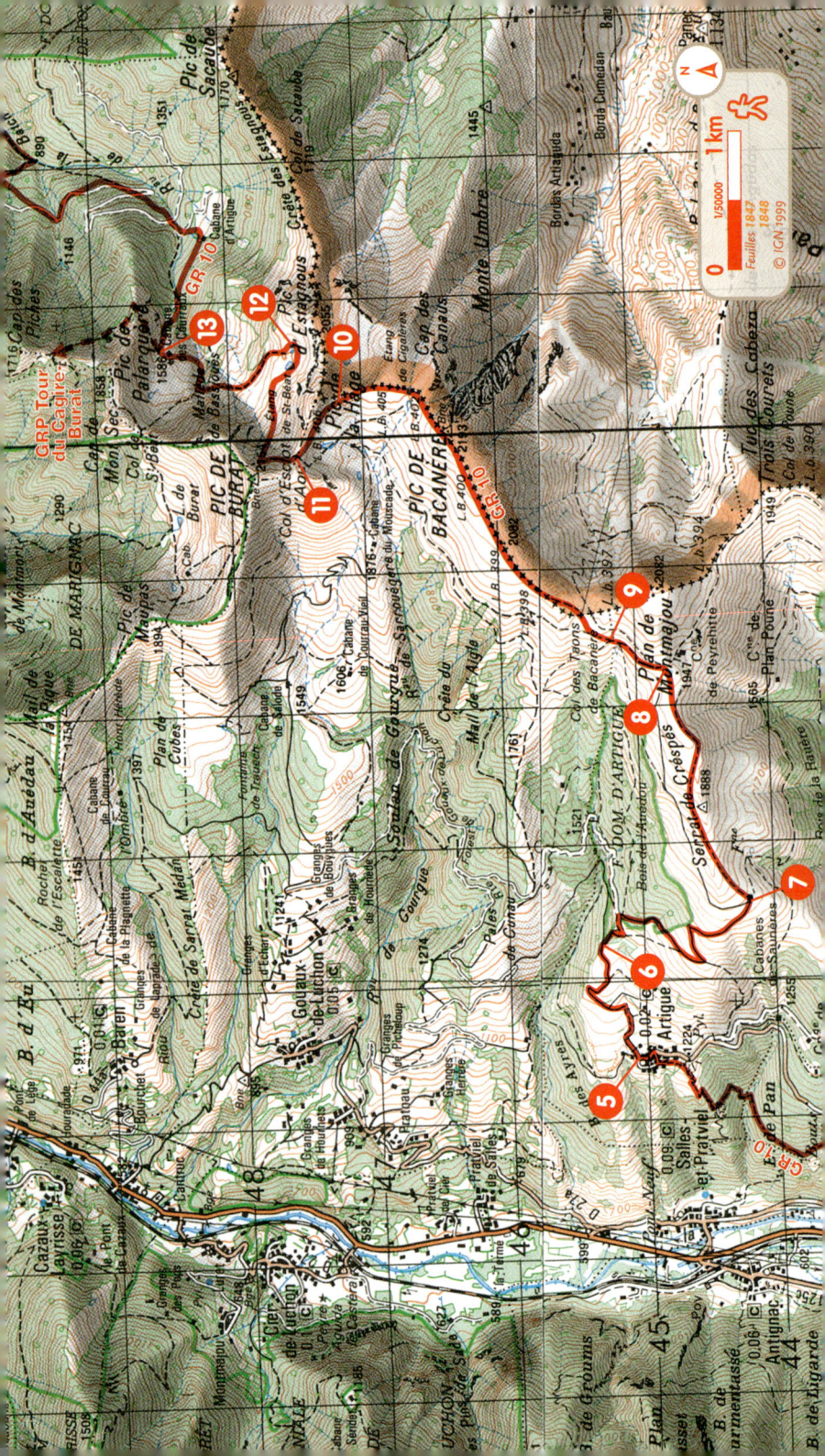

### e la cabane de Saunères au col de Peyrehitte — 1 h

Par temps de brouillard, emprunter vers le nord, au-dessus et à gauche de la cabane, une piste venant de plus en plus marquée qui mène sans difficulté d'orientation en contrebas du col de Peyrehitte.

● Tourner à gauche, puis suivre le sentier au nord-est. Il grimpe, traverse la crête rocheuse de Crespés se glisse sur le versant nord devant les rochers de Cigalères, avant de déboucher au col de Peyrehitte (1 947 m).

Deux cabanes se trouvent en contrebas du col, sur le versant sud. L'une est réservée au berger, l'autre a été restaurée.

### u col de Peyrehitte à un abreuvoir — 10 mn

◆ > La frontière avec l'Espagne passe sur la crête toute proche.

● Prendre à gauche (nord) le sentier qui se faufile entre la crête frontière (à droite) et le bois d'Auédau (sur le flanc gauche du plan de Montmajou). Il mène à un abreuvoir (1 960 m).

### e l'abreuvoir à la borne frontière 406 — 1 h

◆ > Vue sur le massif de la Maladeta.

● Monter à droite (nord-est) jusqu'au col des Taons-de-Bacanère (1 976 m), puis suivre la crête frontière à gauche. Passer le pic de Bacanère (2 193 m), puis arriver à la borne frontière 406 (2 165 m).

### e la borne frontière 406 au col d'Esclot-d'Aou — 20 mn

● Quitter la crête frontière, partir à gauche (nord-ouest) et atteindre la crête des Cigalères, au col d'Esclot-d'Aou (2 093 m).

### u col d'Esclot-d'Aou aux cabanes des Courraus — 1 h

◆ > Col situé entre le pic de Burat et le pic de la Hage.

● Franchir la chicane ouverte dans le grillage et descendre sur le versant nord du col. Au pied du pic de Burat, le sentier tourne à droite (est) et gagne l'étang de Saint-Béat (1 891 m).

● Descendre par le sentier à gauche (nord) sur le versant est du pic de Burat, puis obliquer à droite (source) sur le versant sud du pic de Palarquère et atteindre les cabanes des Courraus (1 586 m).

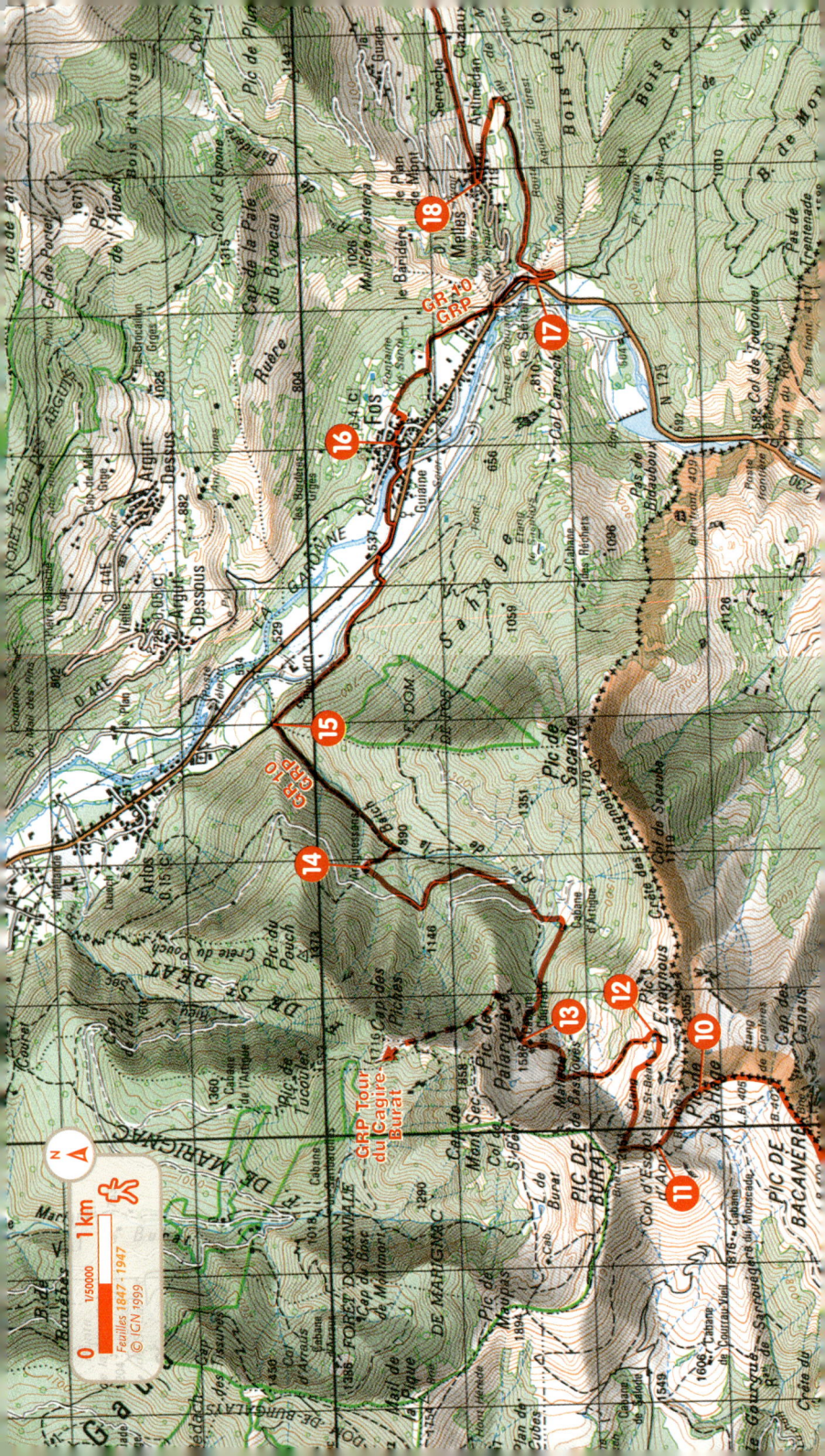

## es cabanes des Courraus à Fos 3 h

Descendre au sud-est, entrer dans le bois, descendre à flanc vers la cabane d'Artigue *aménagée, 4 places, source en contrebas)*. À 50 m, à l'est de la cabane, tourner à gauche (nord) peu avant le ruisseau de la Palanque, rejoindre une route forestière. Franchir le ruisseau et s'engager r le sentier en bordure du ruisseau.

Si le sentier est encombré par des arbres, utiliser la piste.

joindre la piste près d'un pont et, plus loin, la croiser vers 1 150 m d'altitude. À la cote 1 100, emprunter piste forestière à gauche (nord) et franchir le ruisseau des Piches. À l'altitude 1 050 m, descendre r le chemin au nord-est. Il traverse une forêt de sapins et débouche dans la clairière d'Artiguessans abane d'Artiguessans)*, à 1 025 m d'altitude.

Tourner à droite, à angle aigu. Traverser le ruisseau de la Batch et descendre par le chemin dallé i le longe.

> Ce sentier, entièrement dallé, est en permanence très glissant (prudence). Il est fortement nseillé d'utiliser un bâton.

anchir le ruisseau à trois reprises et atteindre le dernier pont.

Prendre le chemin à droite (est). Il passe en lisière de la forêt. Descendre au bord du canal de la ntrale d'Arlos, franchir le pont et continuer par le chemin vers l'est. Emprunter la N 125 à droite et, x premières maisons, s'engager dans la rue à gauche. Continuer à gauche par le pont qui enjambe la ronne et arriver au centre de Fos (544 m).

## e Fos à Melles 1 h 15

Fos >

Monter à droite vers le lavoir et continuer par un chemin piétonnier qui mène au carrefour des N 125 D 44b. Franchir le pont et suivre la N 125 sur 400 m.

Emprunter la route forestière à gauche sur 1 km, puis descendre par le sentier à gauche, franchir le sseau de Maudan et gagner Melles (719 m).

Melles >

CABANES DES COURRAUS / PHOTO H. JUNQUA/CDRP 31.

## De Melles à Labach-de-Melles                                          1 h 30

**Melles >**

Quitter le village par la D 44h. Elle domine le ruisseau de Maudan, puis monte à gauche et conduit au hameau de Labach-de-Melles (980 m).

## De Labach-de-Melles au carrefour d'Uls                                 2 h 30

> La traversée du plateau d'Uls ne doit être entreprise que par beau temps : l'orientation est difficile par temps de brouillard.

Poursuivre par le sentier qui se maintient sur le flanc du val de Maudan. Franchir le ruisseau de Péridède, laisser à gauche le chemin qui mène aux anciennes mines de blende de Pale Bidau, puis enjamber le ruisseau de la Goute-de-Peyre-Nère.

Le sentier s'élève dans la forêt de hêtres et atteint la cascade d'Auède. Sauter le torrent et passer sur la rive gauche. Le flanc exposé au nord est plus humide *(à droite, avant la sapinière, fontaine des Salières)*. Traverser deux couloirs d'avalanche *(où de la neige séjourne tard en saison)* et sortir de la forêt. Aux angles, gravir les lacets du chemin, passer le ruisseau et arriver au carrefour d'Uls, à l'entrée d'un plateau marécageux (1820 m).

À gauche, jonction avec le GRP® Tour du Cagire-Birat.

## Du carrefour d'Uls au pas du Bouc                                      1 h 10

Traverser à droite le plateau marécageux (1 868 m).

À 200 m au sud, se situe la cabane d'Uls  (9 places, source).

Remonter un léger escarpement et traverser au sud-est les pacages d'Uls [ > à droite, à 300 m, anciennes mines de blende].

> Sulfure naturel de zinc, la blende constitue le principal minerai de zinc.

Le chemin, bien marqué au début, se perd dans la pelouse en remontant le flanc de Canau Grande, puis se retrouve avant d'arriver au pas du Bouc (2170 m).

ANCOLIE /
PHOTO M. DOUMENJOU

### u pas du Bouc au col d'Auréan — 20 mn

Suivre un sentier vers le sud-est et gagner le col d'Auréan (2 176 m).

Possibilité de gravir facilement le pic de Crabère en 1 h 30.

### u col d'Auréan au refuge de l'Étang-d'Araing — 30 mn

> Le GR® quitte le département de la Haute-Garonne pour celui de l'Ariège.

Franchir le col et descendre sur le versant est du col. Le sentier domine l'étang d'Araing et parvient refuge de l'Étang-d'Araing (1 950 m).

### u refuge de l'Étang-d'Araing à la serre d'Araing — 1 h

refuge de l'Étang-d'Araing >

Au barrage, départ, vers le nord, du GR® de Pays Tour du Biros *(voir page 101)*.

Le sentier passe en contrebas du barrage, devant la cabane de l'Étang (10 places), remonte vers le d-est par des alpages dénudés, en suivant approximativement la ligne à haute tension *(ne jamais la rdre de vue car le terrain est caillouteux)* et atteint la serre d'Araing (2 221 m).

### e la serre d'Araing aux bâtiments de la mine de Bentaillou — 45 mn

> Belvédère sur les montagnes du Couserans.

En restant toujours à gauche de la ligne électrique, le sentier dévale la pente, puis court au bord une falaise [ > vue sur l'étang de Chichoué qui alimentait le petit barrage des mines de Bentaillou]. ntinuer la descente, passer devant trois bornes de pierre blanche et un cippe funéraire, puis arriver une intersection.

gner tout droit (est) les bâtiments de la mine de Bentaillou (1 870 m).

### es bâtiments de la mine de Bentaillou au col de la Catauère — 40 mn

ux bâtiments de la mine de Bentaillou > à l'extrémité est de l'exploitation (6 places)

 mine du Bentaillou produisait du plomb argentifère et du zinc sous forme de galène.

> Ne pas s'aventurer dans les galeries : danger d'éboulement.

S'orienter au nord, passer en contrebas de la cabane *(qui peut servir d'abri)* puis filer vers l'est et sser au-dessus de la grotte de la Cigalère.

scendre sur un terrain herbeux en direction du col de la Catauère (1 706 m).

## u col de la Catauère à Eylie-d'en-Haut    2 h

Laisser le col au sud et suivre les pylônes portant les câbles et les wagonnets de l'ancienne ploitation. Dévaler les lacets, parvenir à la station de Rouge (1 550 m).

> Ne pas s'aventurer dans les galeries de mines.

itter la station par un chemin en forte déclivité aux nombreux lacets, pénétrer dans une futaie de tres et, à la sortie de la forêt, découvrir le village d'Eylie-d'en-Haut (990 m). Le gîte d'étape se trouve droite.

## ' Eylie-d'en-Haut au Lez    15 mn

**Eylie-d'en-Haut >**

Contourner l'usine abandonnée et partiellement ruinée du Bocard [ 👁 > broyage et lavage du nerai]. S'engager dans le couloir sauvage aux parois sombres et humides au fond duquel coule la ière le Lez (960 m).

## u Lez à un abri de berger    2 h 15

Franchir la rivière sur la passerelle et déboucher sur la piste menant à l'usine.

## ors GR® > vers Sentein   1 h 30  |

nprunter la piste à gauche (nord) puis la route sur 6 km jusqu'à Sentein (735 m).

itter la piste et prendre vers l'est le chemin des mineurs qui se rendaient aux mines de Bulard. Il mine la vallée du Lez [ 👁 > vue sur l'usine hydroélectrique d'Eylie]. Franchir à gué le ruisseau de ont-Ner (1 180 m), puis pénétrer dans le bois de Laspe et monter par le chemin aux nombreux lacets ur sortir de la forêt et atteindre un abri de berger (1 660 m).

Départ, à gauche, du GR® 10E qui passe plus au nord par le gîte de Bonac *(voir page 75)* et évite nsi les hébergements sommaires dans les cabanes.

LIE-D'EN-HAUT / PHOTO M. DOUMENJOU

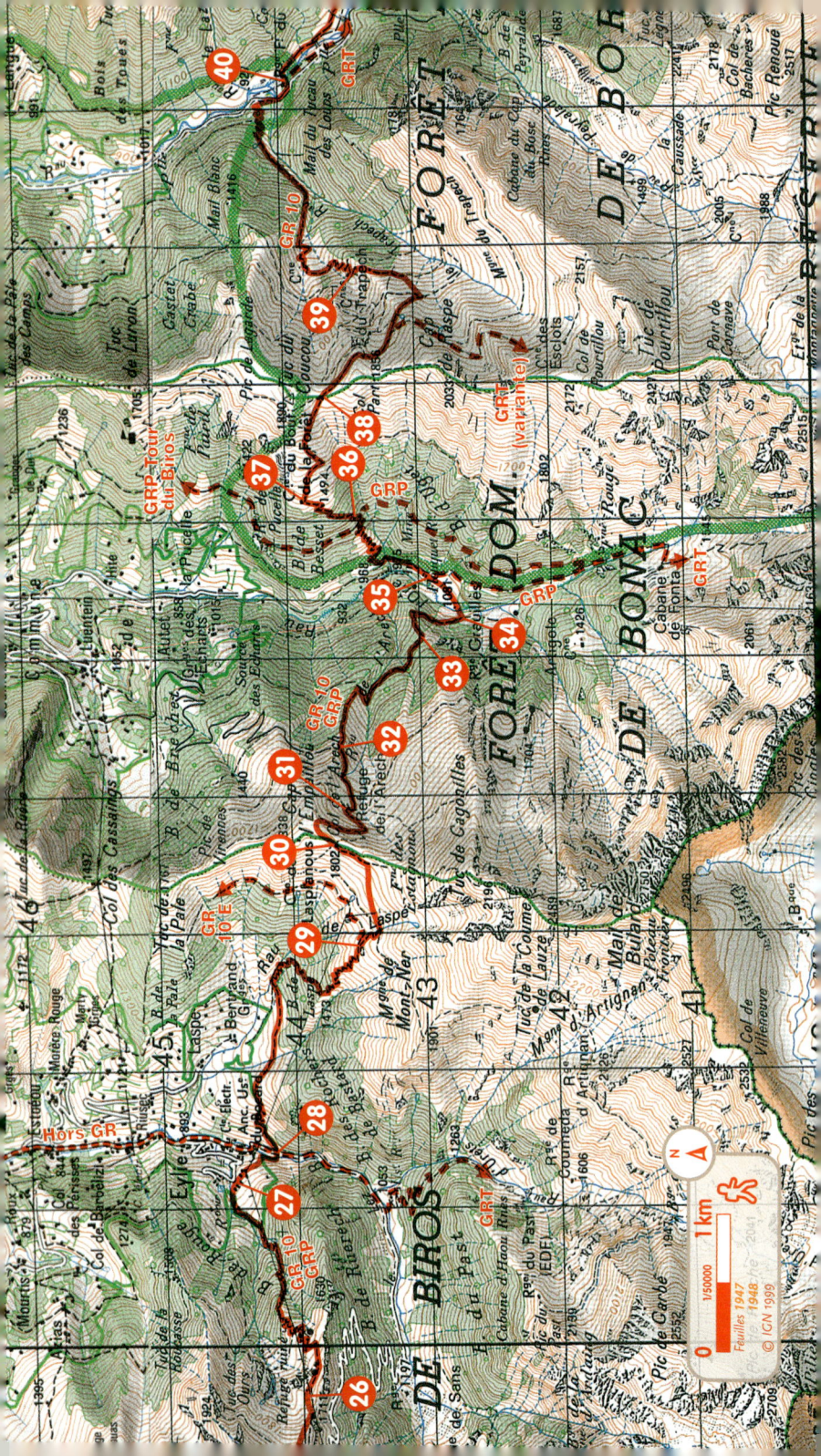

### De l'abri de berger au col de l'Arech          45 mn

Continuer la montée à droite. Le sentier parcourt les estives du flanc nord du massif du Mail-de-Bulard [👁 > vue sur l'ancienne tour qui servait à réceptionner les bennes venant de la mine]. Passer près d'une cabane en ruine, sous les crêtes de la montagne de Mont-Ner et atteindre le col de l'Arech (1 802 m).

### Du col de l'Arech à la cabane pastorale de l'Arech          15 mn

👁 > Vaste panorama. Vue sur le chemin parcouru depuis la serre d'Araing.

Descendre par le sentier sur un terrain cailouteux et gagner la cabane pastorale de l'Arech (1 638 m).

### De la cabane pastorale de l'Arech à la crête de Darnaca          55 mn

▸ la cabane de l'Arech > 🏠 *(4 places, source au sud de la cabane)*

Emprunter, vers l'est, la piste forestière jusqu'à un carrefour (1 550 m) avec le sentier venant du col des Cassaings.

Abandonner la piste forestière qui se dirige plein nord pour suivre, vers l'est, la trace en rive gauche sur le flanc très raide de la montagne qui borde le ruisseau de l'Arech, jusqu'à l'orée de la forêt. Se diriger alors, horizontalement, vers la droite, pour traverser le ravin à l'altitude de 1 312 m. Entrer dans la forêt et continuer au sud-est pour atteindre la crête de Darnaca (1 242 m).

### De la crête de Darnaca à la passerelle de Grauillès          20 mn

Descendre par la crête nord-nord-est sur quelques mètres puis tourner au sud et gagner le fond de la vallée d'Orle. Arriver à la passerelle de Grauillès (1 081 m).

### Hors GR® > vers la cabane de Grauillès   5 mn   | 🏠 *(2 places sur bat-flanc, cheminée et grenier de 10 places)*

Se diriger vers l'amont sur 350 m pour trouver la cabane.

### De la passerelle de Grauillès aux ruines de Flouquet          15 mn

Franchir la passerelle et longer à gauche, vers l'aval, la rive droite du ruisseau d'Orle jusqu'aux ruines de Flouquet (1 050 m).

▸ Séparation à droite du GRP® Tour du Biros.

**GR® 10** • De Bagnères-de-Luchon à Mérens-les-Vals • **37**

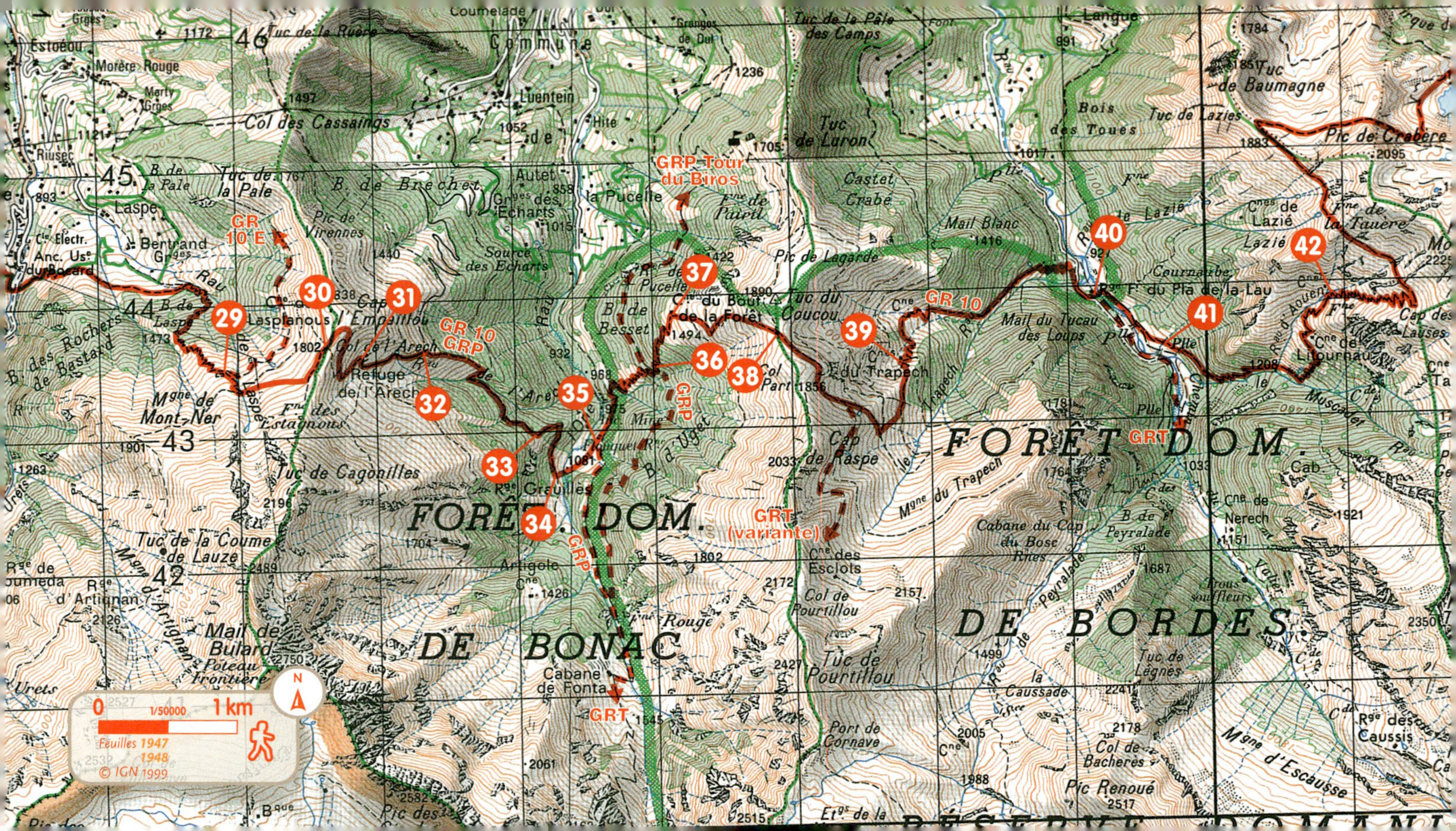

FORÊT DOM.
DE BONAC
FORÊT DOM.
DE BORDES
GR 10
GR 10 GRP
GR 10 E
GRP Tour du Biros
GRP
GRT
GRT (variante)
29
30
31
32
33
34
35
36
37
38
39
40
41
42
Col des Cassaings
Tuc de la Pale
Pic de Virennes
Refuge de l'Arech
Col de l'Arech
Tuc de Cagonilles
Tuc de la Coume de Lauze
Mail de Bulard
Tuc de Luron
Castet Crabé
Mail Blanc
Pic de Lagarde
Tuc du Coucou
Col Part
Cap de Raspe
Mail du Tucau des Loups
Pic de Crabère
Tuc de Baumagne
Tuc de Laziès
Cabane de Fonta
Col de Pourtillou
Tuc de Pourtillou
Port de Cornave
Col de Bachères
Pic Renoué
Laspe
Lasplanous
la Pucelle
Luentein
Autet
Mgne d'Escausse
0 1/50000 1 km
Feuilles 1947 1948
© IGN 1999

## Variante > par le fond de la vallée  1 h 30

Prendre le sentier à droite (sud), puis partir en épingle à cheveux à gauche et utiliser l'ancienne voie ferrée qui passe dans deux tunnels, avant de retrouver le GR® 10 (1 250 m).

> Cette ancienne voie ferrée servait à transporter le minerai venant du port d'Orle.

- Prévoir une lampe électrique pour traverser les tunnels assez obscurs. Hauts de 1,60 m, ils peuvent présenter quelques difficultés pour les randonneurs chargés.

## Des ruines de Flouquet à la cabane de Besset  1 h 30

**15** Continuer vers l'aval sur 300 m jusqu'à l'étranglement de la vallée, traverser le débouché de torrents et prendre à droite le sentier du bois de Besset. Gravir les lacets serrés, d'abord dans une clairière, puis dans le bois de Besset.

**16** Croiser l'ancienne voie ferrée *(arrivée de la variante et croisement du GR® de Pays Tour du Biros)* et poursuivre l'ascension. À partir de la cote 1 400, le sentier traverse des pacages, puis arriver à la cabane de Besset (1 494 m), dénommée aussi cabane du Bout-de-la-Forêt.

## De la cabane de Besset au Clot du Lac  1 h 10

▲ la cabane de Besset > *(abri de 5 places, cheminée, adduction d'eau devant la cabane)*

**17** Monter d'abord au sud-est vers un promontoire rocheux, puis au nord, et enfin au nord-est vers un alignement de rochers issu du col. Aboutir sur la coulée herbeuse orientée au sud-est et arriver au Clot du Lac (1 821 m).

## Du Clot du Lac à la cabane du Trapech-du-Milieu  40 mn

**18** Franchir la crête et continuer au sud-est sur 1 km en direction du grand ravin du Trapech. Perdre de l'altitude, par des lacets, sur le chaînon qui le borde au nord et, au point le plus proche du ravin (1 650 m), s'orienter au nord - nord-est pour s'en écarter définitivement et revenir dans le vaste et profond vallon à pacages où s'échelonnent les cabanes. Le traverser pour gagner la cabane du Trapech-du-Milieu (1 540 m).

▲ la cabane du Trapech-du-Milieu > *(abri de 6 places, cheminée, source)*

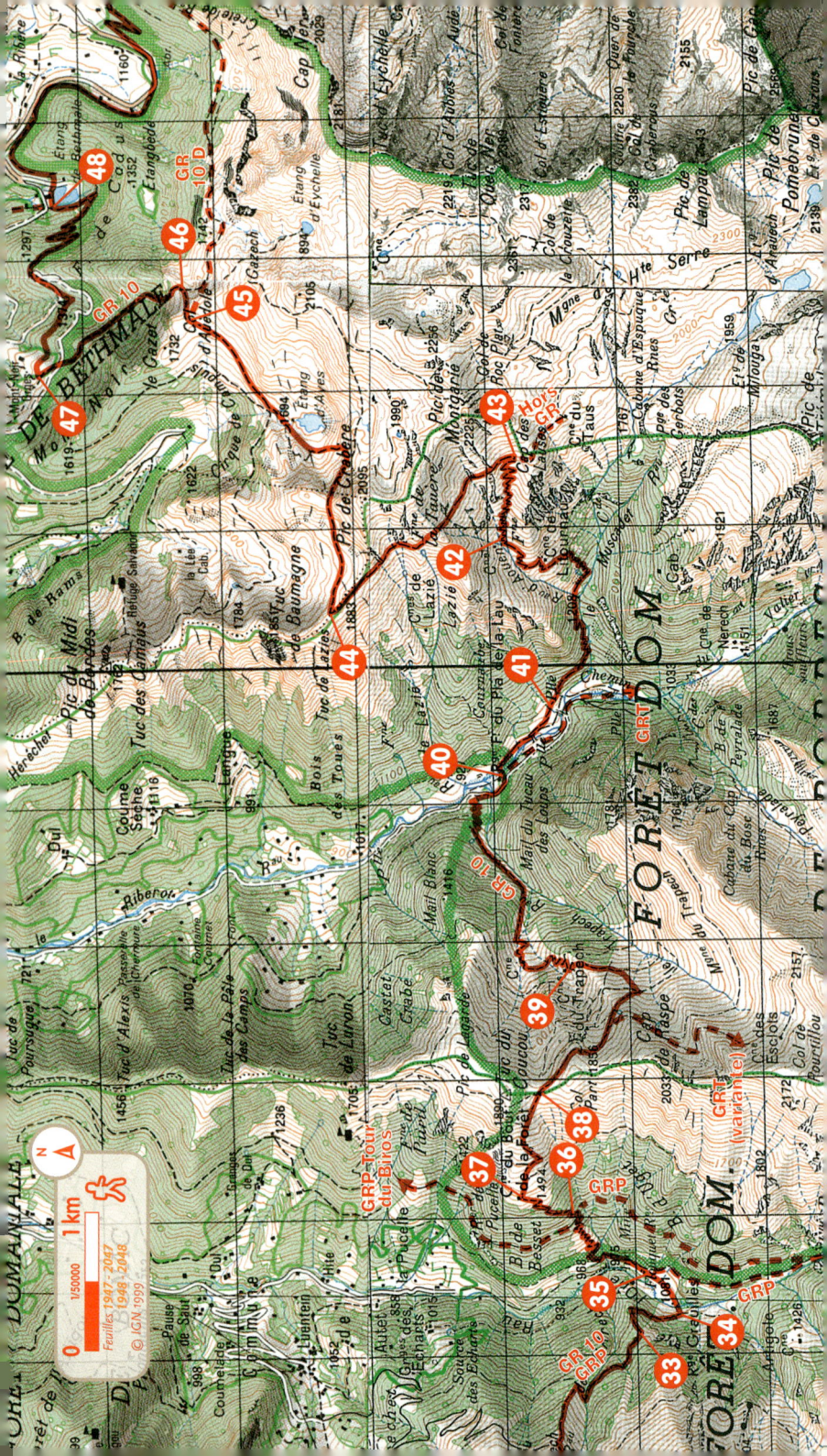

### De la cabane du Trapech-du-Milieu au refuge du Pla-de-Lalau  1 h

**la cabane du Trapech-du-Milieu >** (abri de 6 places, cheminée, source)

Emprunter le chemin en lacets qui mène à la cabane de l'Artigue. Franchir le ruisseau et descendre, rive gauche. Avant le terre-plein d'une cabane fermée, prendre la sente qui descend et déboucher au Pla-de-Lalau. Emprunter la route forestière à droite, passer le pont sur le ruisseau et gagner le refuge du Pla-de-Lalau (927 m).

### Du refuge du Pla-de-Lalau à la cabane d'Aouen  2 h 40

**u refuge du Pla-de-Lalau >** (ouverture prévue en 2009)

Traverser le ruisseau du Ribérot sur la passerelle et remonter la vallée, en rive droite, jusqu'à la hauteur de la passerelle des Gardes.

Laisser le chemin du mont Valier, poursuivre le long du torrent, monter en écharpe sur le versant boisé puis, par des lacets serrés, le long des cascades du Muscadet. Franchir le ruisseau d'Aouen (1 250 m) et, peu après, sortir de la forêt. S'orienter au nord pour grimper, par de nombreux lacets, aux estives (1 477 m). Gravir, au nord, la rive gauche du ruisseau d'Aouen et arriver à la cabane d'Aouen (cabane pastorale fermée ; 1 620 m).

### De la cabane d'Aouen au cap des Lauses  1 h

Partir plein est le long du ruisseau et, par le sentier en lacets, parvenir à une intersection, à la hauteur du cap des Lauses (1 892 m).

### Hors GR > pour la cabane du Taus  10 mn  (5 places)
Se diriger au sud-est et franchir le cap des Lauses pour trouver la cabane.

### Du cap des Lauses au col d'Auédole  2 h 10

Prendre le sentier à gauche (nord-ouest) sur 2 km, tracé sur le flanc ouest du pic de Montgarie, puis du pic de Crabère et arriver au col de la Laziès (1 840 m).

Passer la crête, s'orienter vers l'est, passer au sud de l'abreuvoir puis monter pour franchir un collet. Descendre à l'étang d'Ayes (1 694 m), puis remonter (nord-est) jusqu'au col d'Auédole (1 730 m).

Départ de la variante GR® 10D *(voir page 79)*. Elle évite la descente dans la vallée *(déconseillée par mauvais temps)* et rejoint le GR® 10 au pas de la Core.

0
1/50000
1 km
Feuilles 1947 - 2047
1948 - 2048
© IGN 1999
42
43
Hors GR
45
46
47
48
49
50
51
52
53
GR 10
GR 10 D
GR 10 E
FORÊT DOMANIALE DE SEIX
DOMANIALE DE BETHMALE
Cap de Bouirex
Bois de Peyres Blanques
Cap de Palus
Étang de Bethmale
Étang d'Eychelle
Étang d'Ayes
Cap Ner
Col d'Auédole
Gazech
Cirque de Campuls
Artigues d'Esbints
la Hoque
Esbints
Mousquets
Teillet
Naort
Caillau
Sarrat de Broué
B. de Souleille d'Esbints
B. de l'Aube
Bassibet
Cabane de Luzurs
Boutas Grges
la Mède
Bois d'Arros
les Mousses
Tuc d'Eychelle
Cne de Casabède
Cne de Tucau
Tuc de la Raspe
Col du Soularil
Grte des Hommes Morts
Col d'Aubiès
Tuc de Quer Ner
Col de Fontère
Col d'Estiouère
Col de la Crouzette
Pic de Montgarié
Col de Roc Plats
Cap des Lauses
Pic de Crabère
Fne de la Tauere
Ft DE LAMECH
Cne Fle de Lameza
B. de Sarraute
Estours
Combe d'Ile
B. de la Plagne
Salabert
Mont-Noir Grges
le Gazet
Etangbède
la Ribère
Aureille
Bethmale
la Grande Réchile
Cabane de la Plagne
Font. de Bérès
Trabessère
Cabane de l'Estagnous
la Coumière
Escasse
Bouche
Saliens
Campac
Quer-Mort
Rieudoup
Oumeteix

## Du col d'Auédole à la cabane du Clot-d'Eliet                5 mn

Du col d'Auédole, descendre par le sentier au nord-est jusqu'à la cabane du Clot-d'Eliet (1 683 m).

## De la cabane du Clot-d'Eliet à l'étang de Bethmale           1 h 25

la cabane du Clot-d'Eliet > *(6 places, source en contrebas sur le versant est)*

Prendre au nord - nord-ouest le sentier qui descend dans la forêt de Cadus, couper la route forestière et faire face aux granges du Mont-Noir.

Emprunter l'ancien chemin vers l'est, situé en contrebas de la route forestière et parallèle à celle-ci. Remonter ensuite la route sur 200 m, puis, avant le lacet, s'engager sur le sentier à gauche. Il descend d'abord à flanc puis en larges lacets, puis vire à gauche pour contourner l'étang de Bethmale (1 060 m) par la gauche.

→ Jonction avec le GR® 10 E *(voir page 77).*

## De l'étang de Bethmale au pas de la Core                    1 h 30

> Grande maison forestière fermée. Site fréquenté.

Passer devant la maison forestière [ > point de vue], rejoindre le refuge des pêcheurs sur la rive est, puis monter à l'embranchement (1 100 m) du sentier venant du mont Noir. Il s'élève à flanc, en sous-bois, en dominant la D 17, puis passe dans le cirque du Clot. Pour éviter un parcours chaotique au débouché des couloirs d'avalanches du Balam, suivre la D 17 sur 700 m.

Quitter la route et gravir à droite les lacets du sentier qui mène au pas de la Core (1 395 m).

→ Arrivée de la variante GR® 10D *(déconseillée par mauvais temps)* qui vient (sud-ouest) du col d'Auédole sans descendre à l'étang de Bethmale *(voir page 79)* et départ du deuxième tronçon (sud-est) qui se dirige, par la D 17 à droite, vers les carrières de marbre d'Estours par le col du Soularil *(voir page 81).*

## Du pas de la Core à Esbints                                 1 h 15

> Col situé, à la pointe nord du grand chaînon du Valier, entre les bassins du Salat et du Lez. Emprunté par la D 17 reliant Seix (12 km) à Bordes-sur-Lez (15 km).

Descendre par le sentier vers l'est, couper la D 17, et continuer dans le creux du vallon. Prendre la piste forestière à droite sur 200 m, le large chemin à gauche et, à la cabane de Tariolle, partir dans les prés à droite pour gagner Artigues-d'Esbints.

Sur le replat, longer une allée de frênes et, au bout, contourner une croupe sur la gauche par un bon sentier. Par un sentier bien marqué, descendre dans la vallée en suivant la rive gauche du ruisseau d'Esbints jusqu'au hameau d'Esbints (810 m).

Esbints >

**GR® 10** • De Bagnères-de-Luchon à Mérens-les-Vals • **43**

## TRADITION
### La légende des sabots de Bethmale

Une vallée encaissée de quelque dix kilomètres de long, six villages et trois cents habitants accrochés à leurs Pyrénées, voilà pour le décor. Autrefois, hommes et femmes portaient tous ces curieux sabots pointus comme des chaussures à la poulaine. Héritage du Moyen Âge ? Peut-être, mais comment résister au merveilleux de la légende des bergers bethmalais ?

Au IXe siècle, les Maures avaient envahi la vallée. Les hommes organisèrent vite la résistance dans les montagnes, cherchant à venger leur honneur et à libérer le pays. Boabdil, le fils du chef Maure, s'éprit d'une des plus belles filles du pays nommée Esclarélys, déjà promise au pâtre Darnert.

Par une nuit de pleine lune, Darnert surprit les amants, son sang ne fit qu'un tour : il les égorgea. Dans la vallée, les hommes se révoltèrent, les combats durèrent toute la nuit, et au petit matin, les Maures étaient vaincus. De retour au village, marchant seul en tête des combattants, Darnert portait des sabots en forme de croissant de lune. Sur chaque pointe de sabot brillait un cœur sanglant, celui du Maure à droite, celui de la promise infidèle à gauche.

SABOTS DE BETHMALE / PHOTO OT DE CASTILLO

Depuis, le soir de Noël, en vallée de Bethmale, le fiancé offre à sa belle une paire de sabots habillés de cuir et ornés de pointes dorées dessinant un cœur.

Aujourd'hui, les sabots de Bethmale ne sont plus fabriqués que par un seul artisan. Conçus avec du bois de bouleau pour la plupart, ils sont destinés avant tout aux groupes folkloriques, mais aussi aux collectionneurs.

## ÉCONOMIE
## LE PASTORALISME : UNE ACTIVITÉ INDISPENSABLE À LA MONTAGNE

À son apogée au XIXe siècle, la population montagnarde ariégeoise était environ six fois plus nombreuse qu'aujourd'hui. Bien souvent les familles vivaient de productions végétales et animales, que venaient parfois compléter quelques revenus extérieurs. Leur (sur)vie s'est faite au prix d'importants efforts pour aménager l'espace de manière à en tirer le meilleur profit. La montagne garde encore les marques de ces aménagements : mosaïques de parcelles bocagères, murets, terrasses, lavoirs, cabanes et orris, granges… constituent les éléments incontournables d'un patrimoine humain de grande qualité.

Si les cultures ont régressé en montagne, l'élevage, quant à lui, y est plus que jamais présent. Les exploitants pratiquent pour la plupart la transhumance vers les pâturages d'altitude. Ce rassemblement collectif des troupeaux constitués de races rustiques ariégeoises occasionne des déplacements importants au printemps et à l'automne. La garde des troupeaux est assurée par les pâtres qui séjournent dans les cabanes pastorales. Leur métier dépasse le simple rôle de gardien lorsqu'ils doivent pratiquer, en toute occasion, les soins nécessaires aux bêtes : maladies, naissances, blessures…

Cette activité pastorale très exigeante et pleine d'imprévus, confronte éleveurs et pâtres aux éléments naturels que sont l'environnement montagnard, les caprices du temps et le rythme des troupeaux. En retour de leurs efforts, ces hommes et ces femmes souvent passionnés attendent surtout une certaine indépendance et une reconnaissance sociale. Et s'ils peuvent parfois sembler un peu distants, c'est qu'ils sont surtout préoccupés par leur métier ou tout simplement qu'ils se sont levés avant le soleil.

TROUPEAU DE BREBIS AU COL DE LAZIÈS /
PHOTO M. DOUMENJOU - CDRP 09.

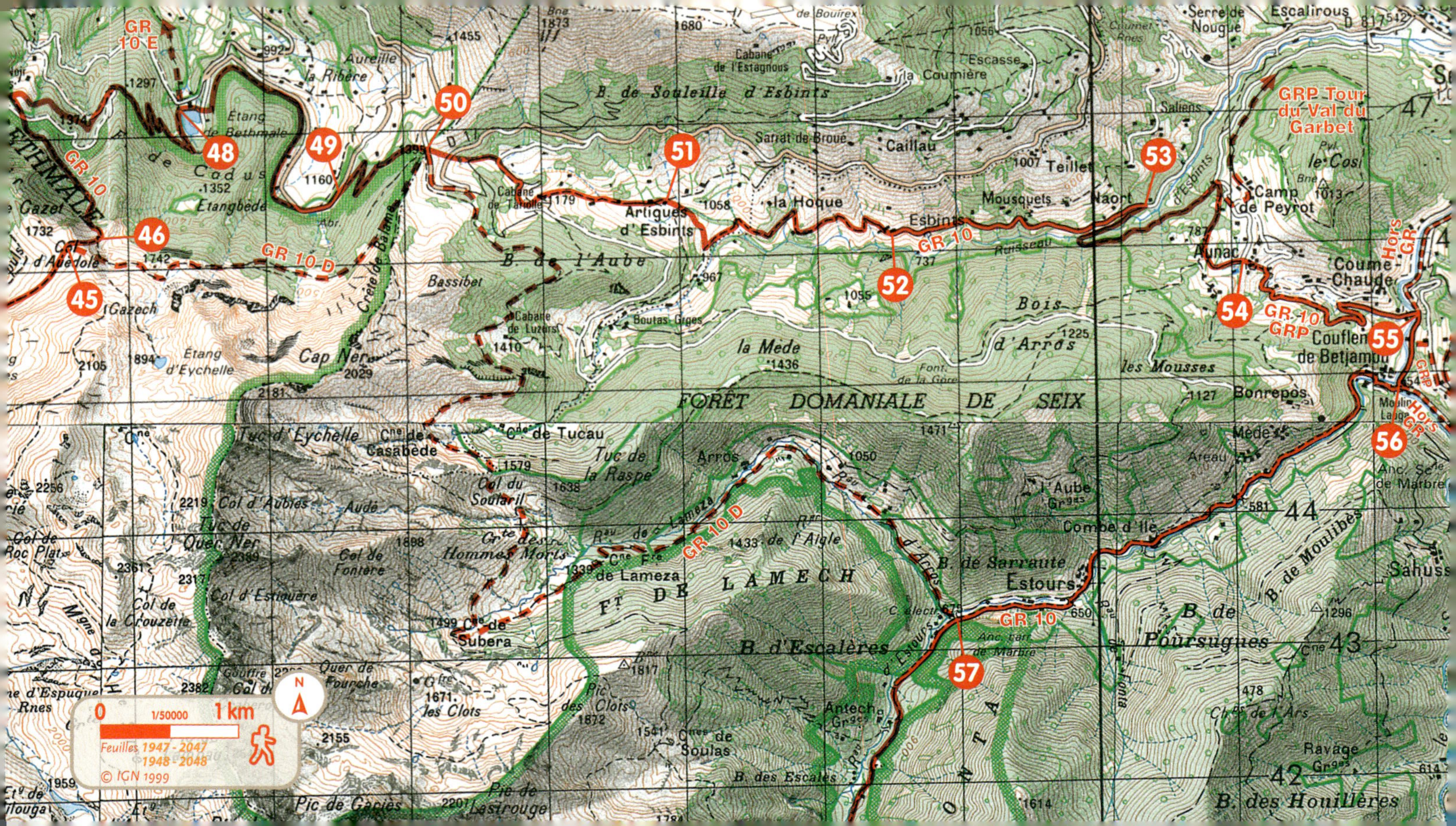
GR 10 E
GR 10
GR 10 D
GRP Tour du Val du Garbet
GR 10 GRP
Hors GR
GRP
45
46
48
49
50
51
52
53
54
55
56
57
Étang de Bethmale
de Codus
Étangbédé
Col d'Auédole
Gazech
Étang d'Eychelle
Cap Ner
Crête de Balame
Bassibet
B. de l'Aube
Cabane de Luzurs
Cabane de Taoulle
Artigues d'Esbints
Aureille
la Ribère
B. de Souleille d'Esbints
Cabane de l'Estagnous
Sarrat de Broue
Caillau
la Hoque
Esbints
Mousquets
Teillet
Naort
Escasse
la Coumière
Serre de Nougue
Escalirous
Saliens
Camp de Peyrot
le Cos
Aunac
Coume Chaude
Couflens de Betjambu
Bonrepos
les Mousses
Bois d'Arros
la Mede
FORÊT DOMANIALE DE SEIX
Boutas Grges
Tuc d'Eychelle
Cne de Casabède
Cde de Tucau
Tuc de la Raspe
Col du Soularil
Arros
Col d'Aubiès
Aude
Tuc de Quer Ner
Col de Fontère
Col d'Estiuère
Col de la Crouzette
Col de Roc Plats
Grte des Hommes Morts
Cne Fre de Lameza
Cne de Subera
Ft DE LAMECH
B. d'Escalères
B. de Sarraute
Estours
Combe d'Ile
l'Aube Grges
Mède
Areau
Anc. Sce de Marbre
B. de Moulibès
B. de Poursugues
Sahuss
Ravage Grges
B. des Houillères
Antech Grges
Cnes de Soulas
B. des Escales
Pic des Clots
les Clots
Quer de Fourche
Pic de Gariès
Pic de Lastrouge
Cazet
1/50000
1 km
Feuilles 1947 - 2047
1948 - 2048
© IGN 1999

## D' Esbints à Aunac — 1 h 25

**Esbints >** 🏠 *(possibilité de ravitaillement de dépannage)*

**2** Poursuivre par la D 817 (est) sur 2 km.

**3** À la bifurcation, descendre à droite par le large chemin, franchir le ruisseau d'Esbints sur la passerelle et monter à gauche par le sentier dans la forêt de buis. Emprunter la route d'Aunac à droite (sud-ouest) sur 300 m et tourner à gauche vers Le Camp-de-Peyrot.

À gauche, séparation du GR® de Pays Tour du Val du Garbet *(voir page 99)*.

Suivre à droite (sud) le chemin qui conduit dans le hameau d'Aunac (766 m).

## D' Aunac au pont du Salat — 20 mn

**Aunac >** 🏠

**4** Descendre par le chemin (sud-est) dans le vallon de Coume-Chaude, puis continuer par la route et franchir le pont du Salat (550 m).

### Hors GR® > vers Seix  1 h  | 🏠 👤 🛒 ✂ ☕ ℹ 🚌

Emprunter la D 3 à gauche (nord). Elle mène à Seix (505 m).

## Du pont du Salat au moulin Lauga — 15 mn

**5** Emprunter la D 3 à droite (sud).
À gauche, séparation du GR® de Pays Tour du Val de Garbet. Arriver au moulin Lauga (541 m).

### Hors GR® > vers le pont de la Taule  20 mn  | 🏠 ✂

Continuer par la D 3 (sud-est) jusqu'au pont de la Taule (567 m).

## Du moulin Lauga aux carrières de marbre d'Estours — 1 h

**6** Prendre la route à droite (ouest), franchir à nouveau le Salat, puis le ruisseau d'Estours et passer Couflens-de-Betmajou. Remonter (sud-ouest) la vallée d'Estours par la route jusqu'à la bifurcation, près des carrières de marbre d'Estours (675 m).

👁 > Situées au confluent des ruisseaux d'Arros et d'Estours.

Jonction avec la variante GR® 10D qui vient à droite du pas de la Core par le col du Soularil *(voir page 81)*.

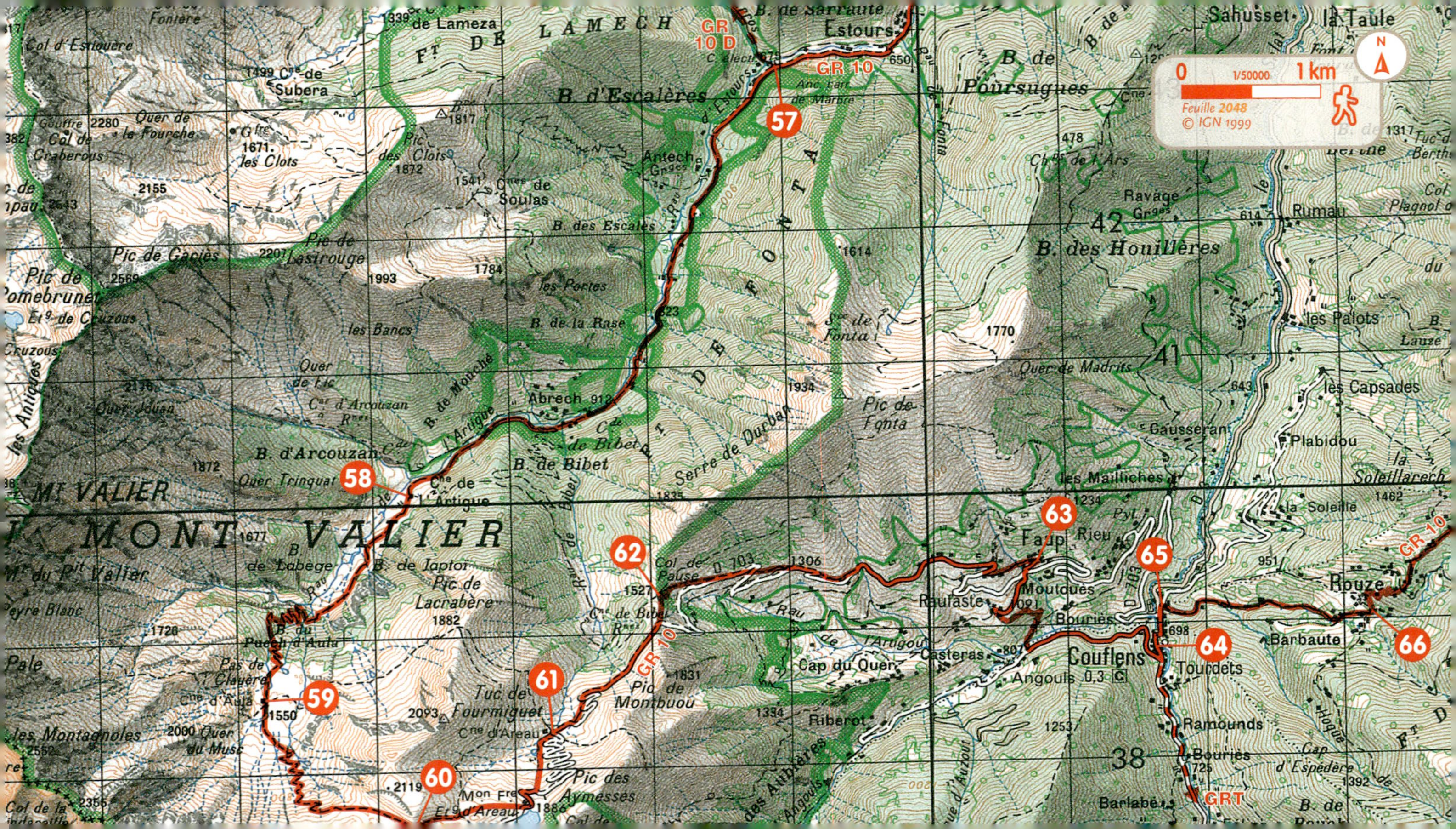
0
1 km
1/50000
Feuille 2048
© IGN 1999
GR 10
GR 10 D
GRT
57
58
59
60
61
62
63
64
65
66
MONT VALIER
Mt VALIER
Pic de Montbuou
Pic des Aymesses
Pic de Fonta
Pic de Lacrabère
Tuc de Fourmiguet
Pic de Lastrouge
Pic de Gaciès
Pic de Pomebrune
B. d'Escalères
B. des Houillères
B. de Poursugues
B. d'Arcouzan
B. de Bibet
B. de la Rase
B. des Escales
Couflens
Rouze
Barbaute
Tourdets
Ramounds
Bouriès
Estours
Angouls
Faup
Rieu
Moutoues
Raufaste
Casteras
Sahusset
la Taule
les Capsades
Rumau
les Palots
Ravage
Riberot
Cap du Quer
Col de Pause
Abrech
Antech
Quer Trinquat
les Clots
Col de Craberous
Subera
Fontère
les Bancs
les Portes
les Mailliches
Plabidou
Gausseran
la Soleille
Serre de Durban
Quer de Madrits
Les Montagnoles
Pale
Peyre Blanc
F.t DE LAMECH
1253
1334
1306
1527
1831
1934
1614
1770
1993
1872
2119
2093
1882
1550
1726
2155
2280
1671
1399
1817
1784
1835
1462
1392

### es carrières de marbre d'Estours à la cabane d'Aula 3 h 30

> Tenir les chiens en laisse dans la Réserve du Mont-Valier.

Continuer par le chemin à gauche, en restant sur la rive droite du ruisseau d'Estours, et remonter la llée jusqu'à la cabane de l'Artigue (cabane ONF fermée ; 1 053 m).

Poursuivre dans la vallée jusqu'au fond du cirque. À la hauteur de la cascade, franchir le torrent de rtigue sur la passerelle, puis gravir les lacets du sentier dans le bois du Pech-d'Aula et arriver à la bane d'Aula (1 550 m).

### e la cabane d'Aula au col de Pause 2 h 40

**a cabane d'Aula >** *(abri précaire, restauration prévue pour 2008/2009)*

Monter par le sentier au sud-est, puis à l'est et arriver au col (1 998 m).

Continuer vers l'est, traverser une zone herbeuse puis des éboulis et atteindre le refuge forestier rmé). Passer l'étang d'Arreau (1 888 m), puis descendre à la cabane d'Arreau (fermée ; 1 696 m ; *bergerie peut servir d'abri*).

Descendre directement (nord-est) pour arriver au dernier lacet (1 620 m) de la D 703 (piste pierrée) et la suivre en descente sur 700 m. Avant le virage, partir à gauche pour contourner par l'est petit pic et aboutir au col de Pause (1 527 m).

### u col de Pause à Couflens 1 h 45

Descendre sur le versant est par un ancien chemin de transhumance. Croiser plusieurs fois la 703, puis, à partir des granges de Ribe-du-Prat, l'emprunter jusqu'aux granges de Lasserre (1 100 m). liser ensuite des voies rurales anciennes, coupées par la route.

À Faup, suivre le chemin communal à droite, traverser la D 703 et, à l'entrée du hameau de ufaste, tourner à gauche vers l'est, puis descendre à droite (sud) et franchir le ruisseau d'Angouls ). Emprunter la route à gauche. Elle mène à Couflens (702 m).

### e Couflens à Rouze 40 mn

> Couflens, à 4 km des sources du Salat et du hameau de Salau, exploitait jadis des mines de gstène (1er rang en Europe).

Suivre la D 3 vers le nord jusqu'au petit pont sur le ruisseau de Rouze.

Remonter la rive droite de ce ruisseau jusqu'à Maletague (880 m), puis passer sur sa rive gauche et iver dans le hameau de Rouze (930 m).

**Rouze >**

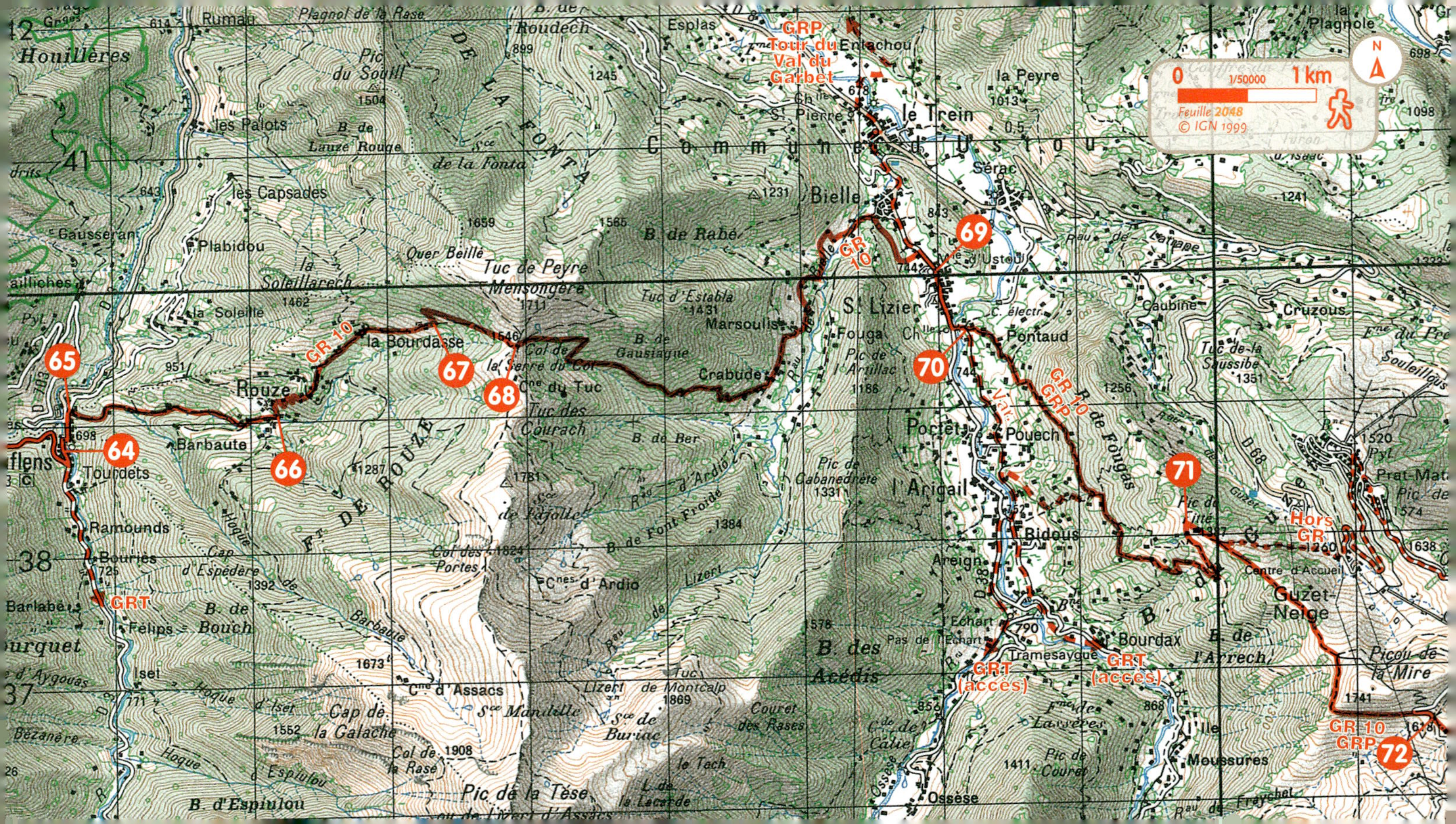

0 1/50000 1 km
Feuille 2048
© IGN 1999
N
GRP
Tour du Val du Garbet
GR 10
GRP
GR 10 GRP
Var.
Hors GR
GRT
GRT (accès)
64
65
66
67
68
69
70
71
72
le Trein
Bielle
St Lizier
Rouze
la Bourdasse
Marsoulis
Crabude
Pouech
Bidous
Guzet-Neige
Tramesaygue
Bourdax
Tourdets
Barbaute
Ramounds
Commune d'Ustou
Tuc de Peyre Mensongère
Pic de la Tèse

## De Rouze au col de la Serre-du-Cot  2 h

**Rouze >** 🏠 *(possibilité de ravitaillement de dépannage)*

Partir à droite du portail du gîte d'étape et monter en lacets jusqu'à Couret-Maury. À l'une des dernières granges, continuer vers la gauche et traverser les ruines de La Bourdasse (1 282 m). Se diriger plein est et monter en écharpe sur des mouillères. Juste après les deux granges en ruines, le sentier se divise en deux.

Suivre le sentier de gauche. Il monte en décrivant deux lacets puis repart plein est et s'élève en écharpe jusqu'au col de la Serre-du-Cot (1 546 m).

## Du col de la Serre-du-Cot à Saint-Lizier-d'Ustou  1 h 40

Prendre le sentier qui descend en lacets vers l'est. Parcourir 300 m dans un bois et descendre par un lacet aux granges de Grabude (1 000 m). Plus bas, longer le ruisseau sur 150 m, puis traverser un champ délimité par des pierres. Au bout, quitter le sentier principal pour continuer la descente vers des granges et retrouver le sentier principal. Continuer sur la piste, et, peu avant Bielle, franchir le pont au niveau des granges. Tourner à droite et déboucher sur la D 38.

Jonction à gauche avec le GR® de Pays Tour du Val du Garbet *(voir page 95)*.

### Par le GR® de Pays > vers Le Trein-d'Ustou  20 mn

Emprunter la D 38 à gauche.

Emprunter la D 38 à droite et arriver à Saint-Lizier-d'Ustou (740 m).

## De Saint-Lizier-d'Ustou au col de Fitté  2 h 45

**Saint-Lizier-d'Ustou >** 🏠 ⛺ 🛒

Emprunter la D 38 au sud, puis traverser à gauche le pont d'Oque (726 m) [👁 > construit par les mains].

### Variante > par le gîte de Bidous  30 mn  | 🏠

Partir à droite, en restant à niveau, et longer de loin le torrent. Passer Le Pouech, puis atteindre le gîte d'étape (752 m). Du gîte, un sentier permet de rejoindre le GR® *(voir tracé sur la carte)*.

Monter légèrement à droite vers le pic du Fitté par un chemin jalonné de granges : Pontaud, Coume et Plagnol, en lisière du bois de Fougas. Après Plagnol, le sentier, par trois ou quatre lacets, s'élève à droite d'une large coulée qu'il traverse dans sa partie supérieure pour arriver aux pic et col de Fitté (1 387 m).

### Hors GR® > vers Guzet-Neige  30 mn  | 🛒 🛠 ℹ️ *(en été)*

Prendre le chemin presque horizontal et gagner la station (1 360 m).

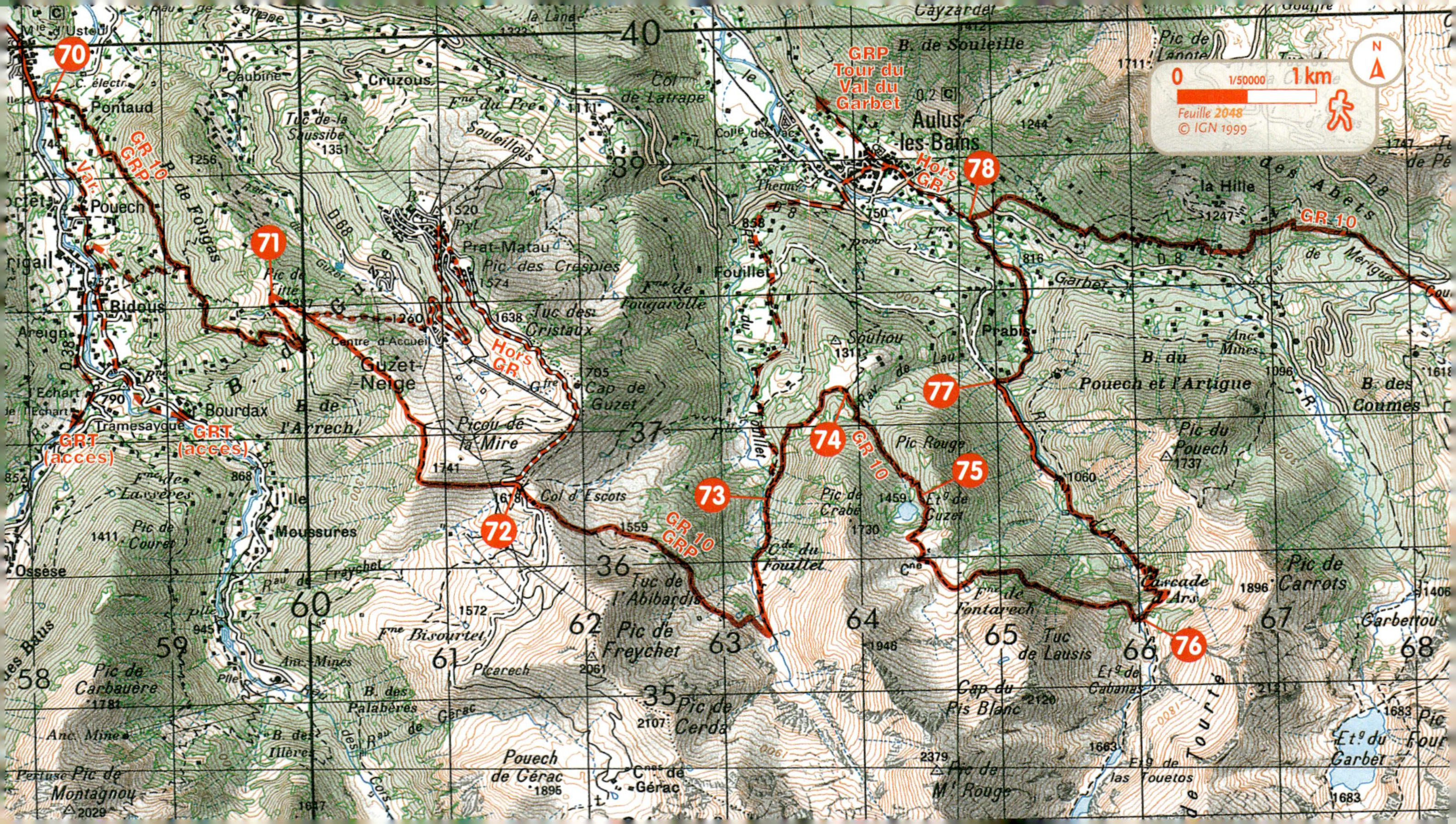
0 1/50000 1 km
Feuille 2048
© IGN 1999
GRP Tour du Val du Garbet
Aulus-les-Bains
Hors GR
GR 10
GR 10 GRP
Var.
GRT (accès)
70
71
72
73
74
75
76
77
78
Pontaud
Pouech
Bidous
Bourdax
Tramesaygue
Guzet-Neige
Centre d'Accueil
Prat-Mataü
Pic des Crespies
Tuc des Cristaux
Cap de Guzet
Picou de la Mire
Col d'Escots
Moussures
Cruzous
Col de Latrape
Fouillet
Soulíou
Prabis
Pic Rouge
Pic de Crabé
Étg de Guzet
Cde du Fouillet
Pouech et l'Artigue
Pic du Pouech
Cascade d'Ars
Pic de Carrots
Pic de Freychet
Pic de Cerda
Tuc de Lausis
Cap du Pis Blanc
Étg du Garbet
Pouech de Gérac
Pic de Carbauère
Pic de Montagnou
la Hille
B. des Coumes
B. de Souleille

## u col de Fitté au col d'Escots                                50 mn

Remonter, par la crête facile, tout le chaînon issu du Picou de la Mire, puis contourner le sommet à l'ouest pour redescendre au col d'Escots (1 618 m).

## rs GR® > vers Guzet-Neige   45 mn   | 🛒 🔧 ℹ️ *(en été)*

endre le chemin carrossable (nord-est). Il domine le cirque de Guzet et mène à la station 360 m).

## u col d'Escots à la jasse du Fouillet                          1 h 30

**col d'Escots >** 🔧

Du restaurant d'altitude, proche du col, descendre par le sentier au sud-est. Il contourne une sse rocheuse (1 559 m), monte au sud-est dans les sapins, puis à travers les rhododendrons et les uyères. Traverser une zone rocheuse, passer une cabane en ruines, puis descendre dans des coulées tre les rochers pour gagner le cirque de Casiérens. Longer la rive droite (nord - nord-est) sur un rrelet rocheux très proche du ravin et atteindre un gradin qui domine la vallée. Après la cascade du uillet (1 300 m), déboucher brusquement dans le grand bassin de la jasse du Fouillet et arriver à une rcation (1 170 m).

Séparation du GR® de Pays Tour du Val de Garbet vers Aulus-les-Bains *(voir page 95)*.

## r le GR® de Pays Tour du Val de Garbet >
## rs Aulus-les-Bains   1 h   🛏️ | 🏠 🏨 🏕️ 🛒 🔧 ☕ ℹ️ 🚌

ntinuer dans la vallée par le sentier horizontal, puis descendre vers le nord en longeant plus moins le ruisseau du Fouillet sur sa rive droite. Couper la D 8 vers la droite puis la suivre pour nchir le Garbet et arriver dans Aulus-les-Bains (750 m).

## e la jasse du Fouillet à l'étang de Guzet                      1 h

Suivre le sentier de droite. Il s'oriente au nord-est et, à partir d'un affleurement tabulaire rocheux 75 m), monte en direction d'un sommet boisé bien détaché sur le versant. Continuer ensuite, de eau, jusqu'à l'angle sud-ouest du plateau de Souliou (1 280 m).

Partir à droite (sud-est), monter dans le vallon boisé, longer une clairière, puis gravir une forte pente r atteindre l'étang de Guzet (1 459 m).

ÉTANG DE GUZET / PHOTO M. DOUMENJOU.

0 1/50000 1 km
Feuilles 2048 - 2148
© IGN 1999
GRP Tour du Val du Garbet
GRP Tour des Trois Seigneurs
GRP Tour des Trois Seigneurs
Hors GR
GR 10
GR 10 GRP
73
74
75
76
77
78
79
80
81
82
Aulus-les-Bains
Pic de Girantes ou du Mt Ceint
Sommet de Bizourtouse
Pic de Gréoula
Port de Saleix
Mt Garias
Pic de Cabanatous
Pla de la Font
Etg de Bassiès
Pic des Planes
Pic de Carrots
Pic de la Fouradade
Cascade d'Ars
Pic du Pouech
Pic Rouge
Pic de Crabé
Col de la Crouzette
Col d'Agnès
Coumebière
Fouillet
Prabis
Souliou
Tuc de Lausis

### e l'étang de Guzet à la passerelle d'Ars　　　　　　　　　　　　　1 h

Le sentier contourne l'étang par la gauche (est) en restant nettement au-dessus et parvient ainsi [au] plateau supérieur de Gusalech occupé par des cabanes en ruines (1 580 m). Partir d'abord vers le [sud]-est, puis vers l'est, en restant de niveau à la limite supérieure de la forêt. Emprunter des traces à [flan]c de pente assez raide, passer plusieurs couloirs d'avalanche, descendre un lacet sur une dalle de [gran]it, puis atteindre la passerelle d'Ars (1 485 m).

### e la passerelle d'Ars à l'entrée d'Aulus-les-Bains　　　　　　　　1 h 30

Franchir la passerelle et poursuivre en rive droite. Plus loin, le sentier décrit un grand crochet vers [es]t - nord-est pour contourner le ressaut rocheux du haut duquel s'élance la cascade, puis amorce la [des]cente devant des arrivées d'eau latérales, dans les escarpements rocheux de la rive droite, et dévale [qu]elques lacets courts et rapides [👁 > vue sur la cascade, l'une des plus belles des Pyrénées : trois [chu]tes superposées qui, à la fonte des neiges, ne forment qu'un seul jet de 110 m de hauteur].

[Apr]ès une courte traversée en sous-bois, au-dessus du ravin, franchir le pont d'Artigous (1 060 m) et [em]prunter la piste sur 1 km.

S'engager à droite (est) sur le sentier en sous-bois. Il finit par longer le torrent de l'Ars, puis s'en [éloi]gne, avant d'arriver au Garbet. Franchir le pont de la Mouline (785 m), poursuivre par le chemin [car]rossable sur 300 m et arriver à un embranchement, à l'entrée d'Aulus-les-Bains (750 m).

Continuer par la piste pour gagner le centre d'Aulus-les-Bains, à 1 km.

### e l'entrée d'Aulus-les-Bains à Coumebière　　　　　　　　　　　2 h 15

Aulus-les-Bains > 🏠 🏪 ⛺ 🛒 🔧 🍴 🍺 ℹ️ 🚌

Prendre le sentier à droite (est), puis bifurquer à gauche (nord) et couper la D 8. Passer des granges, [fran]chir le ruisseau d'Escale de Hille, longer le ruisseau de Mérigue sur 100 m avant de l'enjamber, puis [mon]ter vers l'est. Changer alors d'orientation et gagner le plateau de Coumebière (1 400 m).

### e Coumebière au port de Saleix　　　　　　　　　　　　　　　　1 h 30

Traverser la D 8 et continuer vers le sud-est jusqu'au ruisseau de Lauze descendant du pic des [Trois-S]entières [👁 > remarquer les anciens puits d'extraction]. Parcourir 500 m vers l'est, puis monter par [de l]ongs lacets sur la partie gauche du thalweg jusqu'au port de Saleix (1 794 m).

[P]oint de passage du GR® de Pays Tour des Trois-Seigneurs qui part au nord vers le pic des Trois-[Sei]gneurs et à l'est vers Auzat.

### r le GR® de Pays > vers Auzat　2 h 15　🏪 ⛺ 🛒 🔧 🍴 ℹ️ 🚌

[De]scendre (est) par le sentier qui parcourt la vallée de Saleix, puis rejoindre Auzat (728 m).

**GR®10** • De Bagnères-de-Luchon à Mérens-les-Vals • **55**

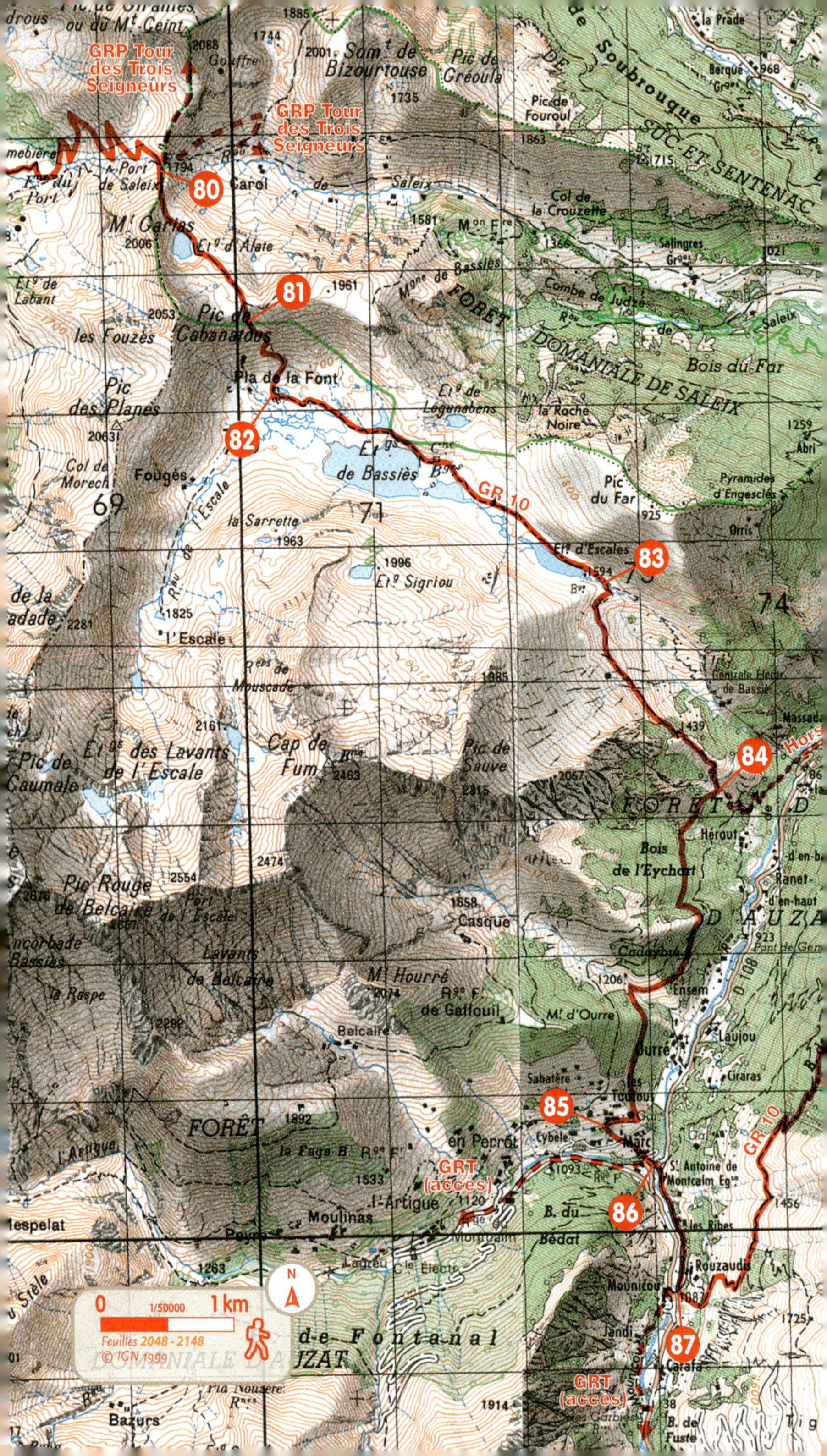
GRP Tour des Trois Seigneurs
GRP Tour des Trois Seigneurs
80
81
82
83
84
85
86
87
GR 10
GR 10
GRT (accès)
GRT (accès)
Sommet de Bizourtouse
Pic de Gréoula
Pic de Fouroul
Port de Saleix
Mt Carlas
Pic de Cabanatous
Pla de la Font
Pic des Planes
Col de Morech
Fougès
Étgs de Bassiès
Étg d'Escales
Étg Sigriou
la Sarrette
l'Escale
Étgs des Lavants de l'Escale
Cap de Fum
Pic de Sauve
Pic de Caumale
Pic Rouge de Belcaire
Mt Hourré
Casque
Belcaire
la Fage
l'Artigue
Moulinas
Mespelat
Bazurs
FORÊT DOMANIALE DE SALEIX
Bois du Far
Col de la Crouzette
Combe de Judze
Étg de Légunabens
la Roche Noire
Pic du Far
Pyramides d'Engesclès
Orris
Centrale Élecr. de Bassiès
Bois de l'Eychart
Hérout
Cadorbre
Ensem
Ourre
Sabatère
Cybèle
Marc
St Antoine de Montcalm
B. du Bédat
Rouzaudis
Mounicou
Jandi
Carafa
Laujou
Ciraras
Ranet
Pont de Gers
Salingres
la Prade
Berque
Soubrouque
SUC ET SENTENAC
0 1/50000 1km
Feuilles 2048 - 2148
© IGN 1999
N

### u port de Saleix au col de Bassiès — 1 h

Poursuivre la montée à droite (sud) sous le mont Garias, puis descendre sur une pente raide et longer l'étang d'Alate par la gauche (est). Le sentier s'élève vers le sud-est et atteint le col de Bassiès (1 933 m).

### u col de Bassiès au refuge de Bassiès — 30 mn

Franchir le col et descendre (sud) au refuge de Bassiès (1 655 m).

### u refuge de Bassiès à l'ancien aqueduc — 2 h 10

**refuge de Bassiès >**

Se diriger vers le sud-est, longer les étangs puis, après le barrage de l'étang Majeur et le bâtiment EDF (1 650 m), descendre sur la rive gauche parallèlement au ruisseau. Passer l'étang Long, puis l'étang Escalès, à l'extrémité duquel se trouvent un petit barrage et une prise d'eau (1 594 m).

Abandonner le chemin de la rive gauche (qui aboutit à la centrale), traverser le ruisseau sur le pont de pierres (1 580 m), puis s'écarter aussitôt du déversoir pour descendre un peu plus loin la barre rocheuse. Reprendre la direction du sud-est pour un parcours de 1 km sur des replats granitiques, à l'altitude de 1 450 m. Par une courte montée dans une hêtraie (source), franchir un passage d'abrupts (1 439 m), puis dévaler (toujours à l'opposé du ravin) le raidillon caillouteux aménagé sur le bourrelet en bordure du ravin de Bassiès, et gagner l'ancien aqueduc (1 160 m).

### hors GR® > vers Auzat  1 h 30

Traverser l'aqueduc et continuer la descente jusqu'au hameau de Hérout. Prendre alors le chemin parallèle au ruisseau Vicdessos, franchir la passerelle du téléphérique, puis suivre la D 108 à gauche jusqu'à Auzat (728 m).

### de l'ancien aqueduc à Marc — 1 h 30

> L'aqueduc, aujourd'hui abandonné au profit d'un tunnel, fut construit à flanc de montagne pour amener les eaux de Marc et de l'Artigue au-dessus d'Auzat et de sa centrale.

Emprunter l'aqueduc à droite (sud) et passer un baraquement en mauvais état. À mi-parcours, franchir un ruisseau et, par un passage taillé dans la falaise, côtoyer une galerie [ > recevant par siphon les eaux du Pla de l'Isard situé au sud, sur le versant est de la vallée]. Poursuivre sur 150 m.

Descendre tout droit pour gagner le hameau de Marc (1 010 m).

**Marc >**

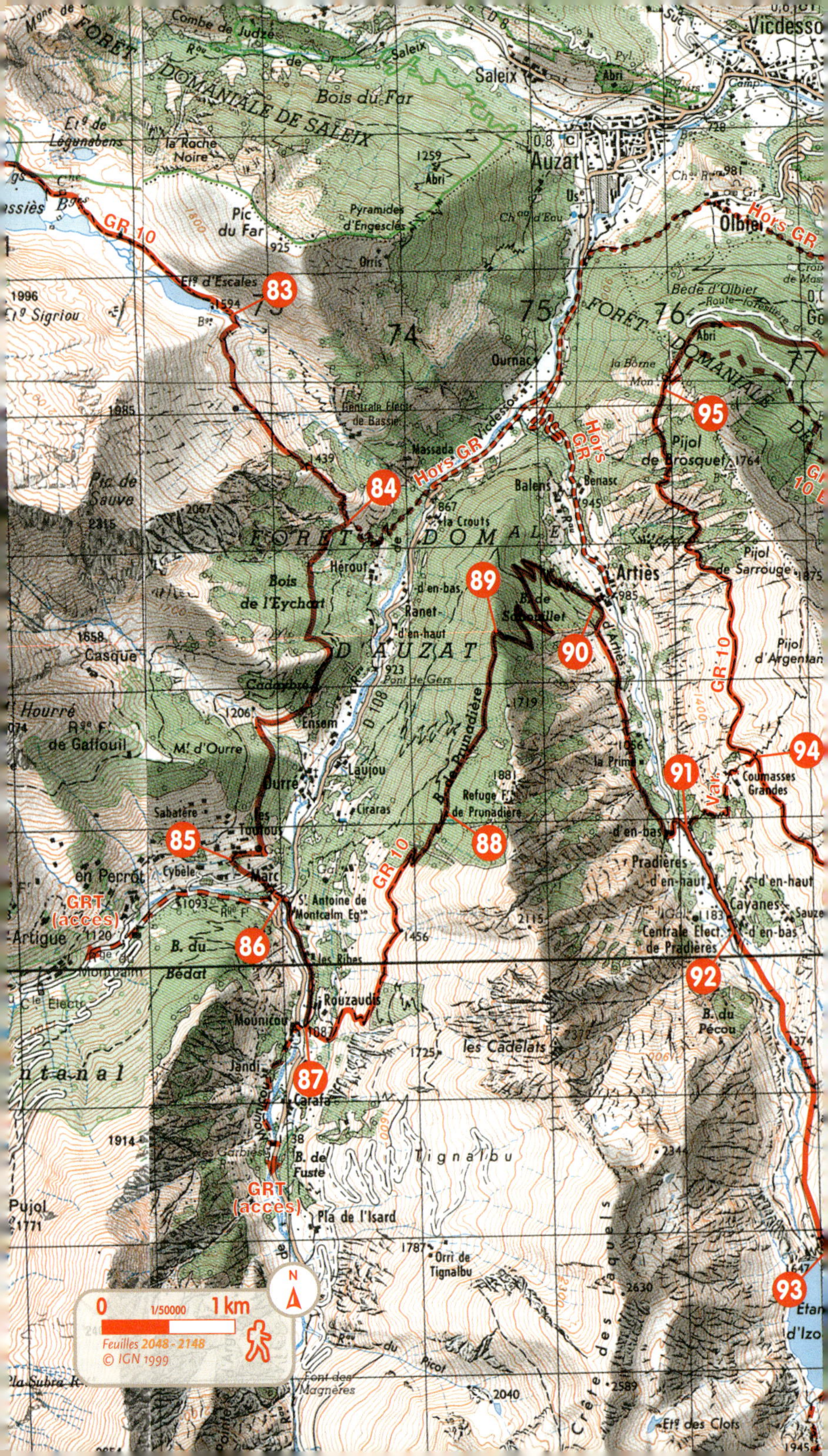
FORÊT DOMANIALE DE SALEIX
Combe de Judzé
Saleix
Bois du Far
Auzat
Vicdessos
Olbier
Hors GR
Ét.g de Légunabens
la Roche Noire
Pic du Far
Pyramides d'Engesclès
GR 10
Ét.g d'Escales
Ét.g Sigriou
83
84
85
86
87
88
89
90
91
92
93
94
95
Centrale Élect. de Bassiès
Massada
Ournac
Bede d'Olbier
FORÊT DOMANIALE
Pijol de Brosquet
Balens
Benasc
Artiès
Pijol de Sarrouge
Pijol d'Argentaru
Pic de Sauve
FORÊT DOMANIALE D'AUZAT
Hérout
Bois de l'Eychart
Ranet d'en-bas
Ranet d'en-haut
Casque
Hourré
Rg.e F. de Gattouil
Mt d'Ourre
Ensem
Laujou
Ciraras
Refuge F. de Prunadière
la Prime
Coumasses Grandes
Pradières d'en-bas
Pradières d'en-haut
Cayanes
Centrale Élect. de Pradières
Sabatère
en Perrot
Cybèle
Marc
St Antoine de Montcalm
GRT (accès)
Artigue
B. du Bédat
les Ribes
Rouzaudis
Mounicou
Jandi
Carafa
les Cadelats
B. du Pécou
B. de Fuste
Tignalbu
Pla de l'Isard
Orri de Tignalbu
Crête des Laquets
Pujol
Font des Magnères
Ét.g des Clots
Étang d'Izourt
0
1/50000
1 km
Feuilles 2048 - 2148
© IGN 1999

## e Marc à l'ancien refuge de Prunadière — 2 h

**Marc >**

Descendre sur la D 108, face au pont et la chapelle de Saint-Antoine-de-Montcalm. En contrebas la maison familiale, à gauche du pont, prendre le vieux chemin qui longe la rive droite du ruisseau de unicou et arriver à la hauteur du hameau de Mounicou (1 087 m).

Monter à gauche par le sentier de Coumo-de-Bazerque (couloir d'avalanches à la verticale de unicou) durant 5 mn à droite du sillon d'écoulement. Traverser et poursuivre la montée en bordure ravin, en laissant à gauche une plate-forme de travaux EDF. Après deux courts lacets, le sentier carte du ravin et s'élève vers le nord - nord-est. Il s'approche une dernière fois du ravin, puis rend la direction du nord - nord-est pour gravir la pente en biais. Passer au rocher des Casteillous 500 m), puis entrer en sous-bois et arriver près de l'ancien refuge de Prunadière, aujourd'hui fermé 514 m).

## u refuge de Prunadière à Artiès — 1 h 45

Peu après le refuge, descendre droit vers le nord pour continuer par le chemin qui passe à la base de nds rochers, puis reprend de l'altitude pour, en direction du nord-est puis du nord, atteindre la cote 00. Franchir la crête boisée et descendre le passage de la Prunadière.

Tourner à droite (sud-est) et descendre dans le bois de Sabouillet en décrivant trois lacets. sser à gauche un chemin reliant Artiès à Marc et, après trois autres lacets, reprendre la ection de la vallée pour gagner un embranchement de sentiers, juste avant le hameau d'Artiès 35 m).

## rs GR® > vers Auzat — 1 h

ntinuer tout droit jusqu'à Artiès, puis emprunter la route à gauche (nord) et poursuivre par la 08 à droite jusqu'à Auzat (728 m).

VALLÉE DU VICDESSOS /
PHOTO M. DOUMENJOU.

## FAUNE ET FLORE
## L'ISARD

L'isard, un peu plus petit que son cousin des Alpes, le chamois, est le symbole des Pyrénées.
Son incroyable agilité et sa vivacité sont dues à la longueur de ses membres et à ses sabots caoutchouteux qui lui donnent une excellente adhérence aux rochers et à la neige dure. Le poids de l'isard à la naissance est de 2,5 kg, à l'âge adulte le mâle pèsera de 25 à 40 kg, la femelle de 23 à 32 kg.
La première année, il porte le nom de chevreau. Durant la seconde, il est appelé localement « ercol », puis, selon son sexe, on parlera de chèvre ou de bouc. La chèvre donne naissance en mai-juin à un chevreau unique et ce, dès sa troisième année. L'espérance de vie, rarement atteinte, est d'environ dix-huit ans.

En été, les meilleurs moments pour admir les isards se situent de l'aube au milieu la matinée puis le soir en fin d'après-mi Ces périodes correspondent aux heur pendant lesquelles les isards recherche leur nourriture et se déplacent. Entre tem ils se reposent, ruminent et sont beauco plus difficiles à observer.
Les isards sont particulièrement effray par la présence de chiens qui déclenche leur fuite de très loin.

Extrait du topo-guide
*Autour du Montcalm*
édité par l'Office du tourisme d'Auzat-Vicdessos.

ISARD / DESSIN P. ROBIN

## FAUNE ET FLORE
## LES TOURBIÈRES D'ALTITUDE : UN MILIEU FRAGILE À PRÉSERVER

La montagne ariégeoise abrite de nombreuses tourbières d'altitude, zones humides bien particulières, héritées de la dernière période glaciaire, où l'eau stagnante rend le milieu asphyxiant. Les végétaux s'y décomposent très lentement, engendrant une accumulation de matières organiques : la tourbe.

Cet écosystème original et très fragile abrite de nombreuses espèces rares. On y trouve notamment les sphaignes, mousses denses qui s'accumulent au fil des siècles pour former la tourbe, et qui donnent cette texture si particulière à la tourbière. Véritables éponges, elles peuvent jouer un rôle important dans le cycle de l'eau. En régulant les flux hydriques, elles retiennent l'eau pendant les périodes de crue. En la restituant peu à peu, elles permettent un débit minimum dans les cours d'eau en été, lorsque ceux-ci sont à leur niveau le plus bas.

On y observe également de petites plantes carnivores remarquables, comme les droséras à feuilles rondes, ou la grassette. Grâce à leurs feuilles collantes, elles piègent les insectes qui leur fournissent des protéines. Autre plante typique de ces zones, la linaigrette, reconnaissable aux houppes cotonneuses qui ornent ses tiges.

Les tourbières sont de véritables musées vivants, la rareté de l'oxygène dans ce milieu permet de conserver les matières organiques dans un bon état. L'étude des pollens et des spores qui s'y déposent durant des millénaires permet aux scientifiques de retracer très précisément le paysage botanique et l'évolution des climats au cours des 15 000 dernières années, et d'étudier des espèces aujourd'hui en voie de disparition.

LINAIGRETTES EN BORDURE D'UNE TOURBIÈRE / PHOTO M. DOUMENJOU - CDRP 09.

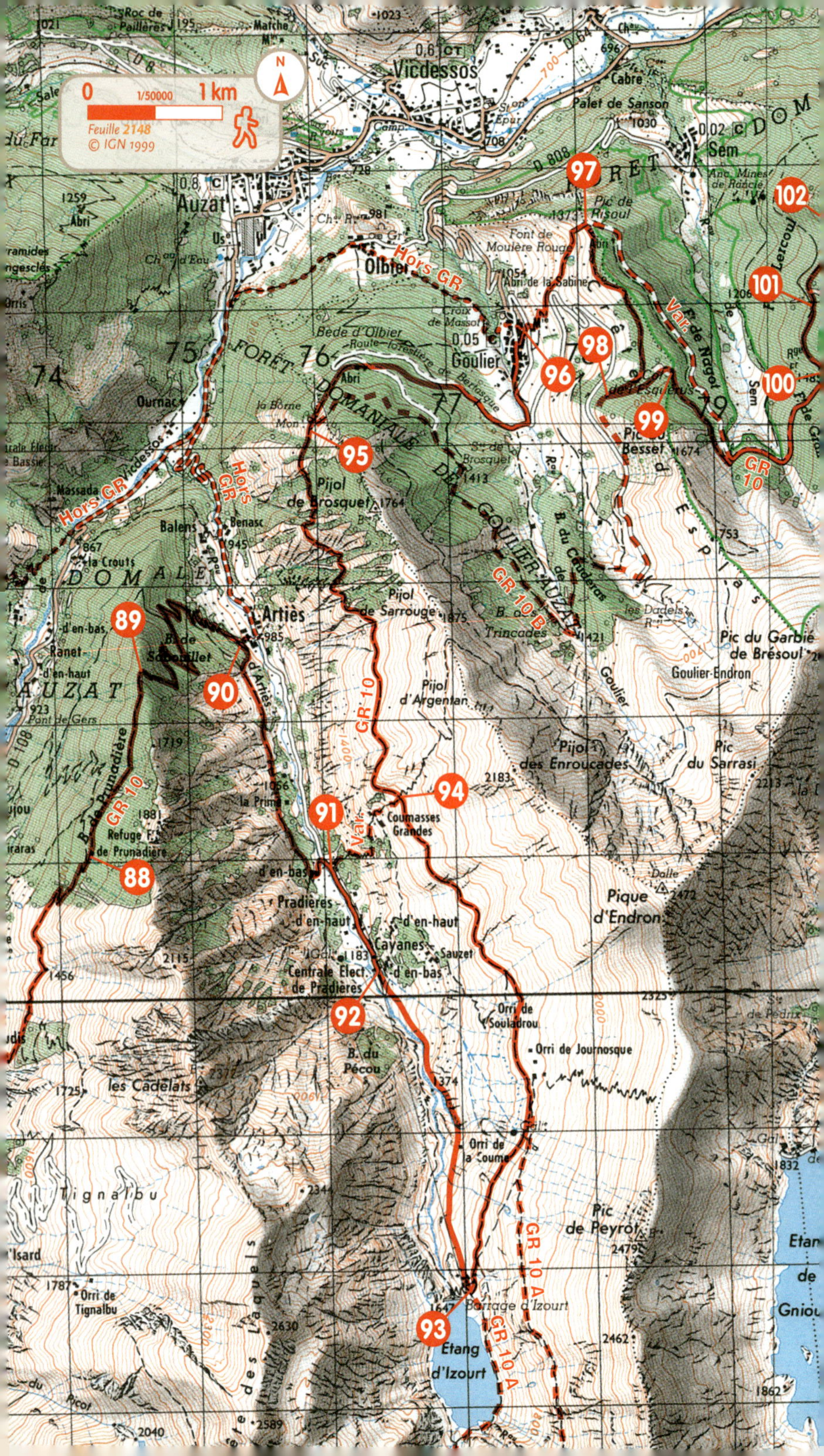

0 1/50000 1 km
Feuille 2148
© IGN 1999
Vicdessos
Auzat
Olbier
Goulier
Sem
Hors GR
Var. de Nagot
GR 10
GR 10 B
GR 10 A
Var.
Pijol de Brosquet
Pijol de Sarrouge
Pijol d'Argentan
Pijol des Enroucades
Artiès
Pic du Garbie de Brésoul
Goulier-Endron
Pic du Sarrasi
Pique d'Endron
Coumasses Grandes
Pradières d'en-haut
Centrale Elect. de Pradières
Cayanes
Orri de Souladrou
Orri de Journosque
Orri de la Coume
Pic de Peyrot
Barrage d'Izourt
Etang d'Izourt
Etang de Gnioure
Refuge F. de Prunadière
Tignalbu
Orri de Tignalbu
les Cadelats
B. du Pécou
Balens
Benasc
Massada
Ournac
FORÊT DOMANIALE DE GOULIER AUZAT
88
89
90
91
92
93
94
95
96
97
98
99
100
101
102

## D'Artiès à la centrale électrique de Pradières    1 h

Juste avant le hameau, prendre le sentier à droite. Il conduit à Pradières-d'en-Bas (1 117 m). Continuer par la route à droite sur 100 m et arriver à l'embranchement d'un sentier venant de la gauche (est).

*Variante directe : ce sentier gravit une pente raide et permet de rejoindre le GR® 10 aux Coumasses-Grandes (1 580 m) en 1 h, sans faire le détour par le fond de la vallée.*

Continuer par la route sur 1 km jusqu'à la centrale électrique de Pradières (1 183 m).

## De la centrale électrique de Pradières au barrage de l'Étang-d'Izourt    1 h 30

Prendre sur la rive droite le chemin le plus bas. Il se rapproche du torrent et du défilé rocheux, puis escalade le bord des escarpements. Après un palier, le sentier monte à l'orri de la Coume, puis, suivant le câble transporteur, arrive au barrage de l'Étang-d'Izourt (1 647 m ; important baraquement à usage pastoral).

*Départ de la variante GR® 10 A qui monte au fond de la vallée vers le refuge du Fourcat (voir page 85).*

## Du barrage de l'Étang-d'Izourt aux Coumasses-Grandes    1 h

Au barrage de l'Étang-d'Izourt > *(abri possible de 10 places)*

Prendre le sentier qui monte à gauche (nord). Il franchit plusieurs ruisseaux, passe sur la chambre des vannes et de la conduite forcée, puis en contrebas de l'orri de Journosque (1 786 m), perd graduellement de l'altitude, traverse un banc rocheux et arrive en contre-haut des Coumasses-Grandes (1 580 m).

## Des Coumasses-Grandes à la stèle du GR® 10    1 h

Aux Coumasses-Grandes > *(curieux abri mi-naturel, mi-aménagé de 6 places)*

Continuer sur de grands escarpements rocheux [👁 > points de vue sur le fond de la vallée], puis border une partie boisée où couloirs et abrupts se succèdent [👁 > à l'approche du débouché de la vallée, un rocher permet une vue aérienne sur le village d'Artiès]. Après 20 mn, parvenir au belvédère marqué de la stèle du GR® 10 (1 410 m).

👁 > Stèle commémorative de l'inauguration du GR® 10 ariégeois le 10 octobre 1975.

*Départ sur la droite de la variante GR® 10 B évitant Goulier (voir page 87).*

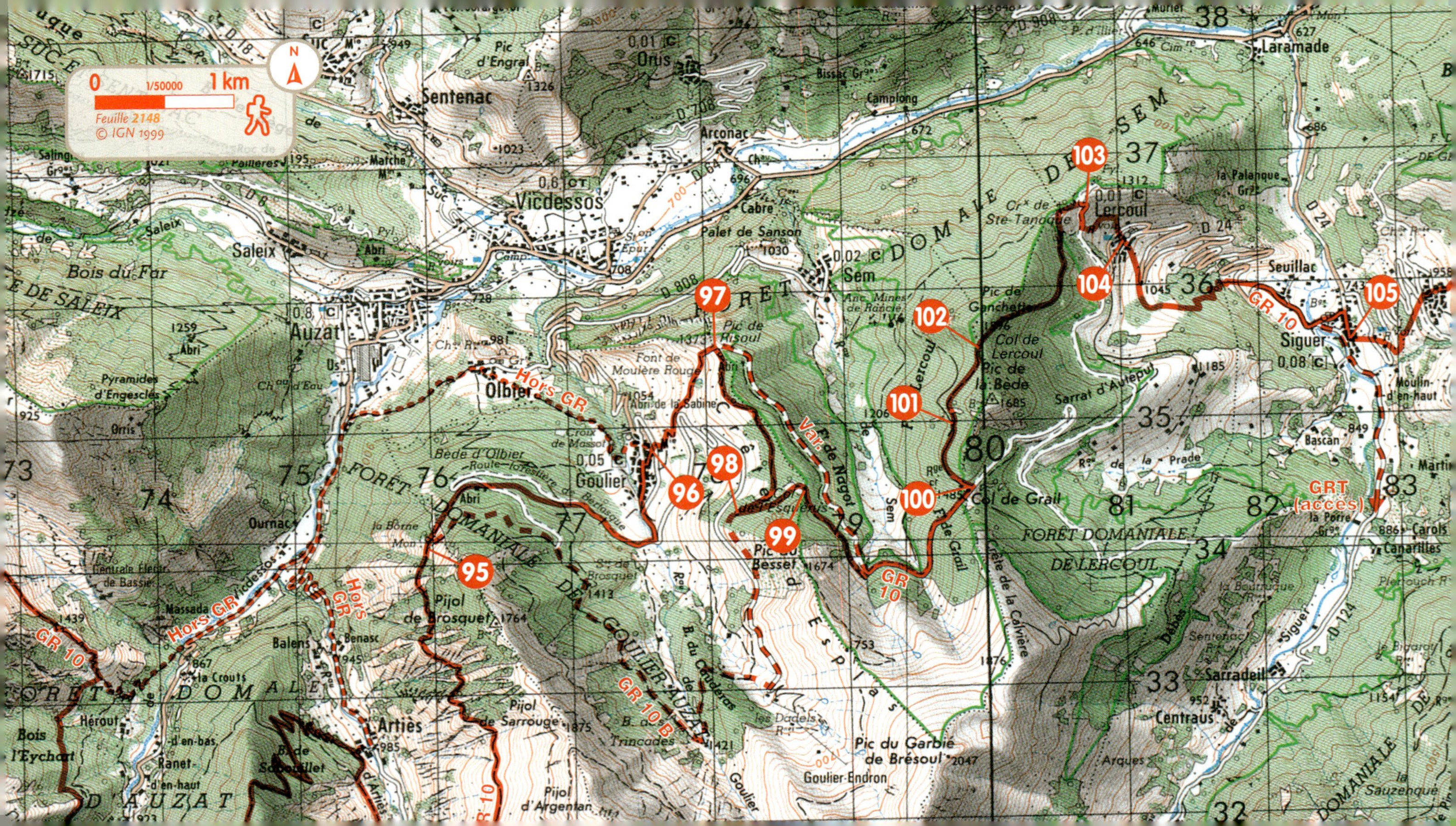

0
1/50000
1 km
Feuille 2148
© IGN 1999
N
GR 10
GR 10 B
GRT (accès)
Hors GR
Var.
95
96
97
98
99
100
101
102
103
104
105
Auzat
Vicdessos
Sem
Goulier
Olbier
Siguer
Lercoul
Sentenac
Orus
Arconac
Saleix
Artiès
Seuillac
Laramade
Centraus
Sarradeil
Col de Grail
Col de Lercoul
Pic de la Bède
Pic de Risoul
Pic du Bessel
Pic du Garbié de Brésoul
Pic d'Engral
Pijol de Brosquet
Pijol de Sarrouge
Crête de la Calvière
Forêt Domaniale de Lercoul
Bois du Far
Goulier-Endron

## De la stèle du GR® 10 à Goulier — 45 mn

Descendre (nord-est) à la maison forestière (1 320 m), puis traverser en contrebas la route de Pratasque et poursuivre la descente par un large sentier qui évite un grand lacet. Continuer par la route à droite. Elle conduit à Goulier (1 110 m).

## Hors GR® > vers Auzat   1 h

Emprunter le sentier d'Olbier-Capounta. Il part à l'ouest de l'église de Goulier, mène à Olbier puis descend dans la vallée du Vicdessos et rejoint la D 108, un peu en amont d'Auzat (728 m).

## De Goulier au col de Risoul — 45 mn

**Goulier >**

À l'est du village, sur la route touristique, gravir le chemin de Risoul *(chemin des mineurs)*. Il s'élève nord-est et parvient au col de Risoul (1 330 m).

Variante : possibilité d'emprunter la route forestière jusqu'au col de Grail.

## Du col de Risoul au col de l'Esquérus — 50 mn

Délaisser la route pour suivre la crête d'Esplas.

Vers 1 400 m d'altitude, arrivée en face de la variante GR® 10 B venant directement de la stèle commémorative *(voir page 87)*.

Monter vers la gauche et atteindre le col de l'Esquérus (1 467 m).

## Du col de l'Esquérus au col de Grail — 45 mn

Suivre le sentier qui part vers la droite (sud-est) sur le flanc du vallon de Sem, dans la tranche supérieure de la forêt, à la limite des pacages. Il coupe des ravins à leur naissance et, 1 km plus loin arrive au col de Grail (1 485 m).

## Du col de Grail au col de Lercoul — 30 mn

À l'angle gauche de la maison forestière (1 500 m), monter par le sentier au nord et parvenir à une bifurcation.

Laisser à gauche le chemin qui descend à Sem et aux mines pour continuer dans la même direction [> points de vues à l'ouest, sur les massifs de Bassiès, du Montcalm et de l'Endron] et arriver au col de Lercoul (1 549 m).

0
1/50000
1 km
Feuille 2148
© IGN 1999
GR 10
GR 10 B
GRT (accès)
Var.
99
100
101
102
103
104
105
106
107
108
109
Norgeat
Bois de Nayan
Bouiche de Gestiès
Col de Foujoul
Col de Gamel
Crête de la Bede
Col de la Lène
Pla de Montcamp
Col du Sasc
Pic du Col Taillat
Pas de l'Escalier
Gestiès
Siguer
Seuillac
Laramade
Lercoul
Col de Lercoul
Pic de la Bède
Col de Grail
Crête de la Calvière
Forêt Domaniale de Lercoul
Sem
Pic du Garbié de Brésoul
Goulier-Endron
Embardalague
Centraus
Sarradeil
Cabre
Camplong
Arconac
Pradières
Col de Lars
Pic de Risoul

### Du col de Lercoul à Lercoul                                          1 h

**02** Du col de Lercoul, descendre sur le versant opposé par le sentier de gauche (nord-est) à travers des buis, des hêtres et des noisetiers. Il s'oriente au nord pour atteindre l'épaulement de la montagne où se dresse la croix de Sainte-Tanoque.

**03** Emprunter la route qui monte de Lercoul à droite sur 300 m, puis s'engager à gauche sur l'ancien chemin qui conduit au village de Lercoul (1 120 m).

### De Lercoul à Siguer                                                  50 mn

◉ > *Vieux village situé dans le secteur des mines et jouissant d'un vaste panorama sur la vallée de Siguer.*

**04** Traverser Lercoul en passant devant la fontaine, puis descendre par l'ancien chemin qui retrouve la D 24 un peu avant Seuillac. Poursuivre par la route et franchir le pont pour arriver dans le village de Siguer (740 m).

### De Siguer à Gestiès                                                  45 mn

**Siguer >** 🏠 🏠 *(abri possible à la salle des fêtes, 6 places, point d'eau)*

**05** Dans le centre de Siguer, prendre à gauche l'ancien chemin de Gestiès. Il coupe le premier lacet de la route puis gravit la pente (nord-est) et se hisse jusqu'à Gestiès (960 m).

### De Gestiès au col de Gamel                                           1 h 30

**06** Passer à droite de l'église et monter à l'est - nord-est. Le sentier s'oriente vers l'est pour gagner le col de Gamel (1 390 m).

*Source à 400 m sur le chemin horizontal partant sur le versant opposé (sud-est).*

### Du col de Gamel au col du Sasc                                       2 h

**07** Ne pas franchir le col, mais partir à droite et gravir la crête de la Bède. Passer au col de la Lène (1 708 m), gagner le Pla de Montcamp (1 904 m ) [◉ > *grand belvédère sur le chaînon de partage du Sabadessos et de la Haute-Ariège*], puis descendre, toujours en crête, vers le sud par un sentier tracé dans les pâturages jusqu'au col du Sasc (1 798 m).

**col du Sasc >** 🏠 *(abri possible à mi-pente, versant ouest, 4 places sans confort, source à l'arrivée du sentier de versant)*

**GR® 10** • De Bagnères-de-Luchon à Mérens-les-Vals • **67**

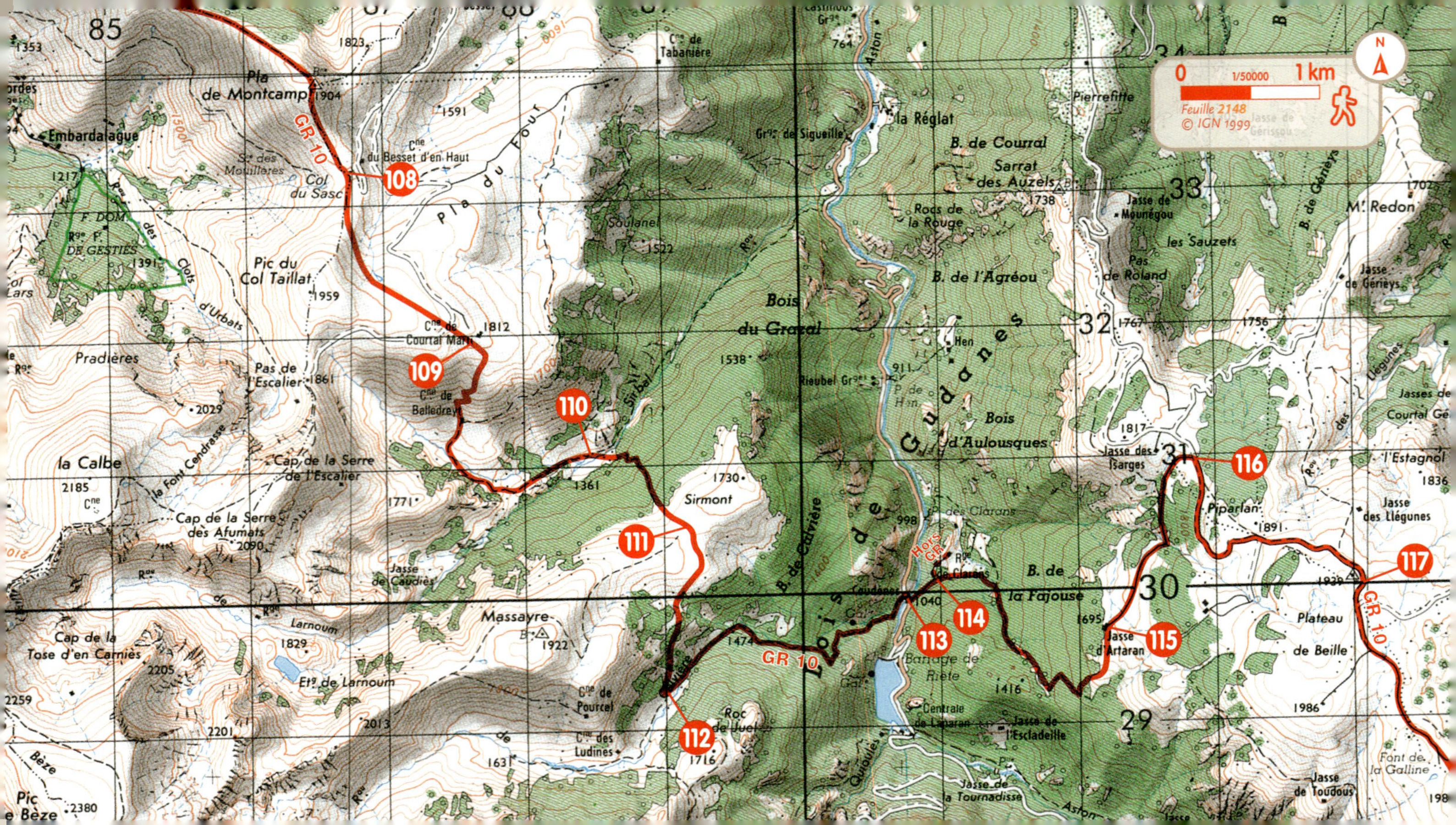

0 1/50000 1 km
Feuille 2148
© IGN 1999
N
GR 10
108
109
110
111
112
113
114
115
116
117
Pla de Montcamp
Embardalague
Col du Sasc
Cne du Besset d'en Haut
Pla du Four
F. DOM. Rge F. DE GESTIES
Pic du Col Taillat
Pradières
Pas de l'Escalier
la Calbe
Cap de la Serre de l'Escalier
Cap de la Serre des Afumats
Cne de Courtal Marti
Cne de Balledreyt
Sirmont
Massayre
Cap de la Tose d'en Carnies
Etg de Larnoum
Cne de Pourcel
Cne des Ludines
Roc de Juel
Pic de Bèze
Bois du Gravil
Bois d'Aulousques
Gudanes
la Réglat
B. de Courral
Sarrat des Auzels
Rocs de la Rouge
B. de l'Agréou
Pierrefitte
Jasse de Mounégou
les Sauzets
Pas de Roland
M.t Redon
Jasse de Gérieys
Jasse des Isarges
l'Estagnol
Piparlan
Jasse des Llégunes
B. de la Fajouse
Jasse d'Artaran
Plateau de Beille
Barrage de Riete
Centrale de Laparan
Jasse de l'Escladeille
Jasse de la Tournadisse
Jasse de Toudous
Font de la Galline
Hors GR
Aston

## Du col du Sasc au col de Sirmont                    2 h 20

**Au col du Sasc >** *(abri possible à mi-pente, versant ouest, 4 places sans confort, source à l'arrivée du sentier de versant)*

Parcourir 500 m vers le sud en montant sur la pente herbeuse (1 850 m), puis obliquer à gauche (sud-est), passer au-dessus des sources du ruisseau de la Prade et atteindre un orri en ruines. Descendre en direction de l'est - sud-est, traverser la route pastorale et arriver à la cabane de Courtal-Marti (1 812 m).

Poursuivre au sud-est vers de gros rochers isolés sur le bord du plateau, puis descendre (sud – sud-ouest), au milieu des arbustes, jusqu'à la cabane de Balledreyt (1 600 m ; *toit percé, abri très précaire*). La laisser à gauche en virant plein est, puis descendre (sud) et longer la rive gauche du ruisseau de Balledreyt avant de le traverser vers l'altitude 1 500 m. S'écarter du ruisseau pour aller vers les grands rochers et les bois qui bordent, à droite, la vallée de Balledreyt. Longer ces rochers jusqu'au bourrelet de roches moutonnées de la vallée principale de Sirbal. Descendre alors au nord-est dans un couloir entre les rochers, qui débouche à la jasse du Sirbal (1 350 m).

En contrebas de la jasse du Sirbal, franchir le ruisseau sur la passerelle, puis le longer à droite sur quelques mètres, avant de monter progressivement (est) dans la clairière et rejoindre un gros rocher isolé. Pénétrer alors dans le bois. Le sentier s'élève en lacets dans la forêt, puis traverse la lande (sud-est) et mène au col de Sirmont (1 693 m).

## Du col de Sirmont à Coudènes                        2 h

Franchir le col en gardant la direction sud-est et, à l'aplomb du versant est, descendre légèrement à flanc pour trouver le sentier qui entre dans un petit bois. Traverser le ruisseau puis poursuivre toujours à flanc (sud - sud-ouest) jusqu'au fond de la vallée de Calvière.

À la hauteur du ruisseau, virer à gauche (nord-est) et descendre en rive gauche dans le sous-bois. À l'altitude 1 480 m, franchir le ruisseau sur la passerelle et, en rive droite, s'écarter peu à peu du ruisseau avant de dévaler la pente raide dans la hêtraie. Traverser le pont Orange et poursuivre par la piste qui conduit à Coudènes (1 040 m).

## De Coudènes à la jasse d'Artaran                    2 h 20

Franchir le pont sur l'Aston, puis emprunter le large sentier à gauche (nord-est) sur 300 m et atteindre une bifurcation.

### Hors GR® > vers la cabane de Clarans  10 mn  *(abri de 6 à 8 places, bat-flanc, cheminée, prise d'eau – non traitée)*

Continuer vers la gauche pour gagner la cabane de Clarans.

Monter par le sentier à droite (est). Il gravit un petit couloir. Traverser le ruisseau et poursuivre jusqu'à l'entrée d'une jasse (pâturage). Prendre le chemin qui s'élève en lacets, longer une première clairière en sous-bois (sud), franchir un ruisseau (1 240 m), puis s'en écarter en montant (sud-est) et traverser une deuxième clairière. Continuer l'ascension sur des pelouses et parvenir à la jasse d'Astaran (1 695 m).

**À la jasse d'Artaran >** *(abri de 4 à 8 places, source captée à 500 m en lisière de bois)*

116
117
GR 10
115
118
119
120
121
122
123
124
Jasse des Isarges
l'Estagnol
Jasse des Llégunes
Piparlan
Paravent
Jasse de Sauzet
B. de la Fajouse
Jasse d'Artaran
Plateau de Beille
Jasse de Beille-d'en-bas
Jasse de Campeilles
Jasse de Bretounels
Sarrat de Brouque
Sarrat de Balanza
Jasse de l'Escladeille
Font de la Galline
Jasse de Toudous
Jasse de Jirail
Refuge de Bouta
Aston
Jasse des Galis
Pont des Galis
Jasse Très Vegades
Prat Moll
Poussiergues
Jasse de la Mouillerasse
Col des Finestres
la Fruitière
Sounac
Jasse de Sénard
Roques de Laparan
Côtes d'Enros
Crête des Génibres
Courtal Caussou
GRP
Tour de la Montagne d'Ax
Pic d'Espaillat
Barrage de Laparan (en construction)
Étang de Laparan
Sénard
Col d'Aychade
Col de la Didorte
Font Rouseillouse
Cutibar
Roques de l'Abède
Ch. de la Clau
la Clau
GR 10
GRP
Étang de Cabaillère
Étang de Ruille
GRT (accès)
Pic de Pradel
Étang de Montaud
Crête des Isards
Plat des Peyres
Pic de Cabaillère
Col de Belh
Col Terre Nègre
Refuge de Rulhe
Jasse de Pinet
Pinet
Coume de Varilhes
GRT
0
1/50000
1 km
Feuilles 2148
2149
© IGN 1999

## De la jasse d'Artaran au plateau de Beille — 35 mn

**la jasse d'Artaran >** 🏠 *(abri de 4 à 8 places, source captée à 500 m en lisière de bois)*

Suivre vers le nord la piste pastorale qui conduit à la jasse des Isarges (1 780 m, *cabane pastorale*). Laisser la cabane pastorale à gauche et rejoindre vers la droite (est) le centre d'accueil du plateau de Beille (1 817 m ; *point d'eau*).

## Du plateau de Beille à la cabane de Beille-d'en-Haut — 45 mn

**plateau de Beille >** 🍽️✕ *(salle hors-sac)*

En période d'ouverture de la station de ski, le GR® 10 obéit aux réglementations d'accès aux pistes sécurisées. Pour traverser le domaine skiable, il est recommandé de s'adresser au gestionnaire du site pour connaître les conditions d'accès. S'adresser directement à l'accueil ou aux guichets.

Emprunter la piste pastorale qui monte d'abord vers le sud puis traverse le plateau et mène à la cabane de Beille-d'en-Haut (1 939 m ; *cabane pastorale fermée*).

## De la cabane de Beille-d'en-Haut au col de la Didorte — 2 h 15

Laisser la cabane à droite et poursuivre par la piste en face (sud). Arriver à une bifurcation, près de Font de la Galline (1 950 m).

Quitter la piste, monter sur le mamelon et poursuivre par la crête (sud-est) jusqu'au col de Finestres (1 967 m).

Monter en crête pour gagner deux groupes de pins situés sur un banc rocheux. De là, s'engager sur le sentier qui descend vers de petites mares. Rester à flanc sans perdre d'altitude et, à travers les éboulis, atteindre le col de la Didorte (2 093 m).

## Du col de la Didorte au col de Beil — 1 h 40

Monter à gauche (est) le long de la crête et parvenir à la crête principale orientée nord-sud (2 278 m).

Jonction avec le GR® de Pays Tour des Montagnes d'Ax qui vient, à gauche (nord), du Castelet et Ax-les-Thermes, dans la vallée de l'Ariège.

Longer la crête à droite (sud) et poursuivre par la crête des Isards (sud-ouest) jusqu'au col de Beil (2 247 m).

## Du col de Beil au refuge de Ruhle — 30 mn

Ne pas franchir le col, mais descendre par le sentier à droite (sud-ouest), passer le large col de Pierre-Nègre et arriver au refuge de Ruhle (2 185 m).

**refuge du Ruhle >** 🏠

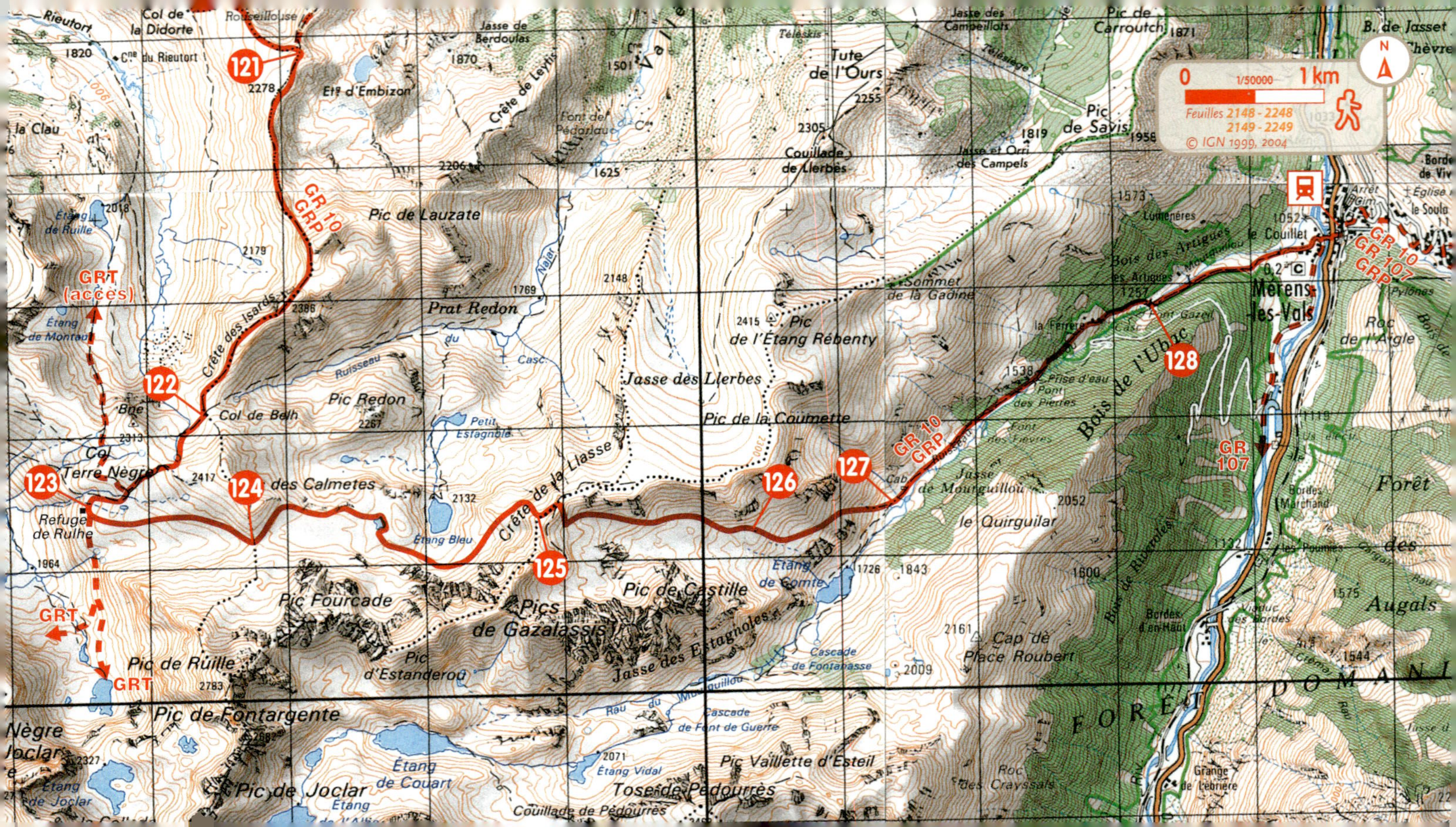

0 1/50000 1 km
Feuilles 2148 - 2248
2149 - 2249
© IGN 1999, 2004
121
122
123
124
125
126
127
128
GR 10
GRP
GR 107
GRT
GRT (accès)
Col de la Didorte
Rieutort
Cne du Rieutort
Rouseillouse
Etg d'Embizon
Jasse de Berdoulas
Crête de Leytis
Tute de l'Ours
Jasse des Campeillats
Pic de Carroutch
Pic de Savis
Jasse et Orri des Campels
Couillade de Llerbes
Pic de Lauzate
Étang de Rulhe
Étang de Montaut
Prat Redon
Crête des Isards
Pic Redon
Col de Belh
Petit Estagnole
Étang Bleu
Jasse des Llerbes
Pic de l'Étang Rébenty
Pic de la Coumette
Sommet de la Gadine
Crête de la Llasse
Col Terre Nègre
des Calmetes
Refuge de Rulhe
Pic Fourcade
Pics de Gazalassis
Pic de Castille
Étang de Comte
Pic d'Estanderou
Jasse des Estagnoles
Pic de Rulhe
Pic de Fontargente
Pic de Joclar
Étang de Couart
Étang Vidal
Pic Vaillette d'Esteil
Tose de Pedourrès
Couillade de Pédourrès
Cascade de Font de Guerre
Cascade de Fontanasse
Cap de Place Roubert
le Quirguilar
Jasse de Mourguillou
Bois de l'Ubac
Bois des Artigues
les Artigues
Mérens-les-Vals
le Couillet
Roc de l'Aigle
Forêt des Augals
Bordes Marchand
Bordes d'en-Haut
Grange de Lebrière
Roc des Crayssals
Lumenères
la Ferrere
Prise d'eau
Pont des Pierres

## Du refuge du Rulhe à la crête de la Lhasse — 2 h

**Du refuge du Ruhle >**

▶ Remonter le vallon est et franchir le col des Calmettes (2 318 m).

▶ Poursuivre vers la gauche (nord-est), à flanc, puis descendre en traversant un bosquet d'arbres, contourner un petit estagnol (lac) par la gauche et un mamelon par la droite. Descendre plein est dans une petite combe jusqu'à deux blocs rocheux formant une porte d'entrée qui s'ouvre sur un sentier. Remonter la partie supérieure de l'éboulis, au pied des falaises, puis gravir la croupe herbeuse finale très inclinée et gagner la crête de la Lhasse (2 439 m).

## De la crête de la Lhasse à l'estagnol du Comte — 2 h 15

▶ Longer la crête à gauche (nord-est) sur 200 m, puis descendre à droite (sud). Dévaler deux lacets, poursuivre plus à flanc vers la gauche (est) et se rapprocher du fond du vallon.

▶ À 2 056 m, atteindre un replat, parcourir la rive gauche du ruisseau de la Lhause, puis obliquer vers la gauche et passer en contre-haut de l'étang de Comte. À l'extrémité d'un nouveau replat, descendre et parvenir à l'estagnol (petit lac) du Comte (1 652 m).

## De l'estagnol du Comte à Mérens-les-Vals — 1 h

▶ Longer la rive gauche du ruisseau du Mourguillou. Laisser le pont des Pierres à droite (1 538 m) et rester en rive gauche. Le sentier s'éloigne progressivement du ruisseau et dévale la pente entre sous-bois et clairières. Passer des granges en ruines et poursuivre en lisière de forêt.

▶ Franchir le pont de Grazeil (1 257 m). Le sentier part à gauche et longe le vallon du Mourguillou. Il s'élargit et arrive dans la vallée de l'Ariège. Emprunter à gauche la route qui traverse Le Couillet. Tourner à gauche pour passer le pont qui enjambe l'Ariège, couper la N 20 (⚠ **> prudence**), passer sous la voie ferrée et virer à gauche pour gagner le centre de Mérens-les-Vals (1 050 m).

**Mérens-les-Vals >**

Le GR® 10 continue vers les Pyrénées-Orientales et la Méditerranée *(voir le topo-guide GR® 10 Pyrénées-Orientales)*.

CHEVAL DE MÉRENS / PHOTO M. DOUMENJOU/CDRP 09.

GRP Tour du Biros
GR 10 E
GR 10
GRP
GRT
1
2
3
4
5
6
7
Forêt Domaniale du Biros
Pic du Mail
Tuc de Puech
Balacet
Irazein
Antras
Sentein
Bonac
Lascoux
Orle
Uchein
Bois d'Esplas
Prats de Redon
l'Ombré
Bencarrech
Bordes d'Espagne
Bordes de Maupas
le Pont
la Coulère
Col d'Arrau
Forêt d'Andraud
Vallée du Biros
Forêt Domaniale de Bonac
Forêt de l'Artigou
Refuge de l'Artigou
Pic de Courbayran
Refuge de la Roque
Prontachis
Pause de Saut
Coumelade
Commune de
Tuc de la Ruère
Col des Cassaings
Luentein
Estoéou
Morère Rouge
Eylie
Riusec
Laspe
Tuc de la Pale
B. de Brechet
Pic de Virennes
Autet
Gr^ges des Echarts
Source des Echarts
la Pucelle
Bertrand
Anc. Us^e du Bocard
Lasplanous
Cap de l'Empaillou
Col de l'Arech
Refuge de l'Arech
B. des Rochers de Bastard
M^gne de Mont-Ner
F^nes des Estagnous
Tuc de Cagonilles
R^ge Grauilles
Forêt Dom. de Bonac
Artigote
Mail de Bulard
Poteau Frontière
Cabane de Fonta
0 1/50000 1 km
Feuilles 1947 1948
© IGN 1999

# Variante GR® 10 E
## Montagne de Mont-Ner – étang de Bethmale

**7 h 35** | **GR®10 E**

Cette variante permet d'éviter les hébergements sommaires des cabanes. Elle se détache du GR® 10 à l'abri de berger, sous la montagne de Mont-Ner *(voir page 35)*.

### De l'abri de berger au col des Cassaings — 45 mn

À l'abri de berger (1 660 m), poursuivre sur quelques mètres jusqu'au virage du sentier, puis engager à gauche à travers les rhododendrons. Franchir le ruisseau et passer en contre-haut d'un gros pylône (câble minier).

Côtoyer une source qui jaillit au pied d'un hêtre et pénétrer dans le bois avant de parvenir au col des Cassaings (1 497 m ; 👁 > appelée aussi localement col d'Escassaing).

### Du col des Cassaings à la cabane de l'Arraing — 1 h 35

Ne pas franchir le col, mais partir à gauche de la cabane (nord) par le sentier qui descend à peine. Il est, par endroits, taillé dans le roc. Traverser une prairie et quelques fougères, puis arriver à l'entrée du bois. Continuer par le sentier peu marqué par endroits. Poursuivre par la piste forestière pour passer la combe d'Andraud, puis partir à gauche pour gagner la crête (1 170 m).

Prendre à droite la piste plate qui atteint des baraques forestières ruinées et la cabane de l'Arraing (1 129 m ; *abri de fortune, 10 m en contrebas de la piste*).

### De la cabane de l'Arraing à Bonac — 45 mn

Poursuivre par la piste en légère montée, entre le refuge et les baraques en ruine. La quitter pour s'enfoncer à gauche dans les fougères puis en sous-bois et continuer par le sentier qui descend dans la vallée du Lez. Franchir le pont et arriver dans Bonac (706 m).

**Bonac >** 🏠

ABRI DE BERGER AU MONT-NER /
PHOTO C. TARANNE.

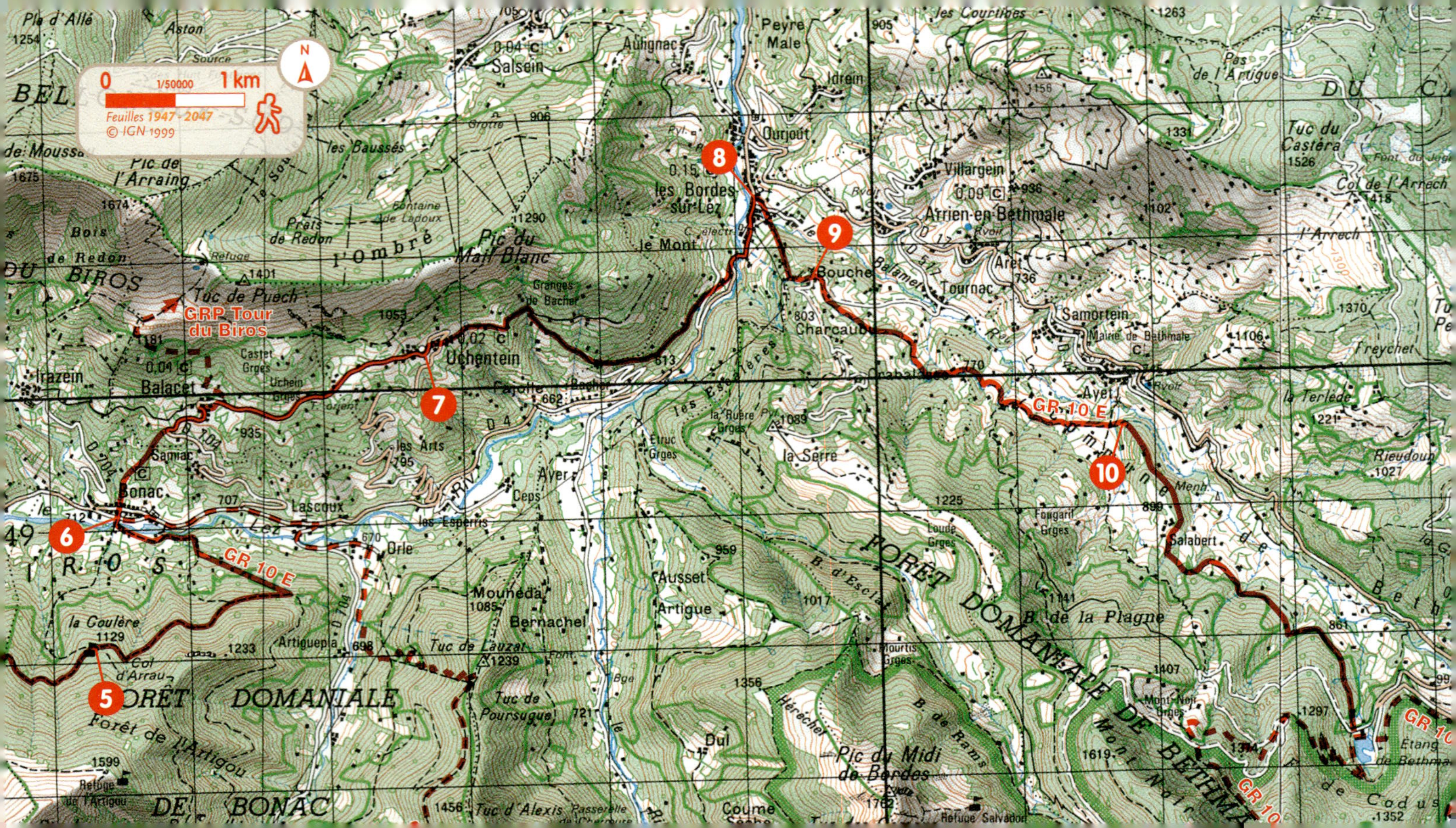

## De Bonac à Uchentein　　　　　　　　　　　　　　　　　　　　　1 h 15

### Bonac >

› À l'église, monter vers le nord et, à la fontaine, prendre le chemin qui longe un petit cours d'eau. À la bifurcation, prendre à gauche le sentier taillé qui grimpe pleine pente, puis continuer par la piste. Suivre la D 704 à gauche pour monter à Balacet (909 m), elle traverse le village et conduit à Uchentein (850 m).

## D'Uchentein aux Bordes-sur-Lez　　　　　　　　　　　　　　　　　45 mn

› À l'église, couper le lacet de la route et continuer par le chemin qui descend dans la vallée du Lez. Croiser la route du Mont, puis emprunter la D 4 à gauche. Elle enjambe le Lez et mène aux Bordes-sur-Lez (563 m).

## Des Bordes-sur-Lez à l'étang de Bethmale　　　　　　　　　　　　2 h 30

Traverser le village et enjamber le pont sur le Balamet.

› Bifurquer à droite puis, à 150 m, prendre à droite par un chemin de terre. Atteindre une conduite d'eau à ciel ouvert (alimentation de la centrale de Bordes), et la suivre à gauche jusqu'au hameau de Couche.

› Longer la conduite vers la droite (sud-est) jusqu'à proximité de la passerelle d'Artiguenu.

› Abandonner la conduite pour le chemin forestier à droite. Il remonte la vallée et conduit à l'étang de Bethmale (1 060 m).

Jonction avec le GR® 10 *(voir page 43)*.

*Anémone pulsatile /*
photo M. Doumenjou

Variante • **77**

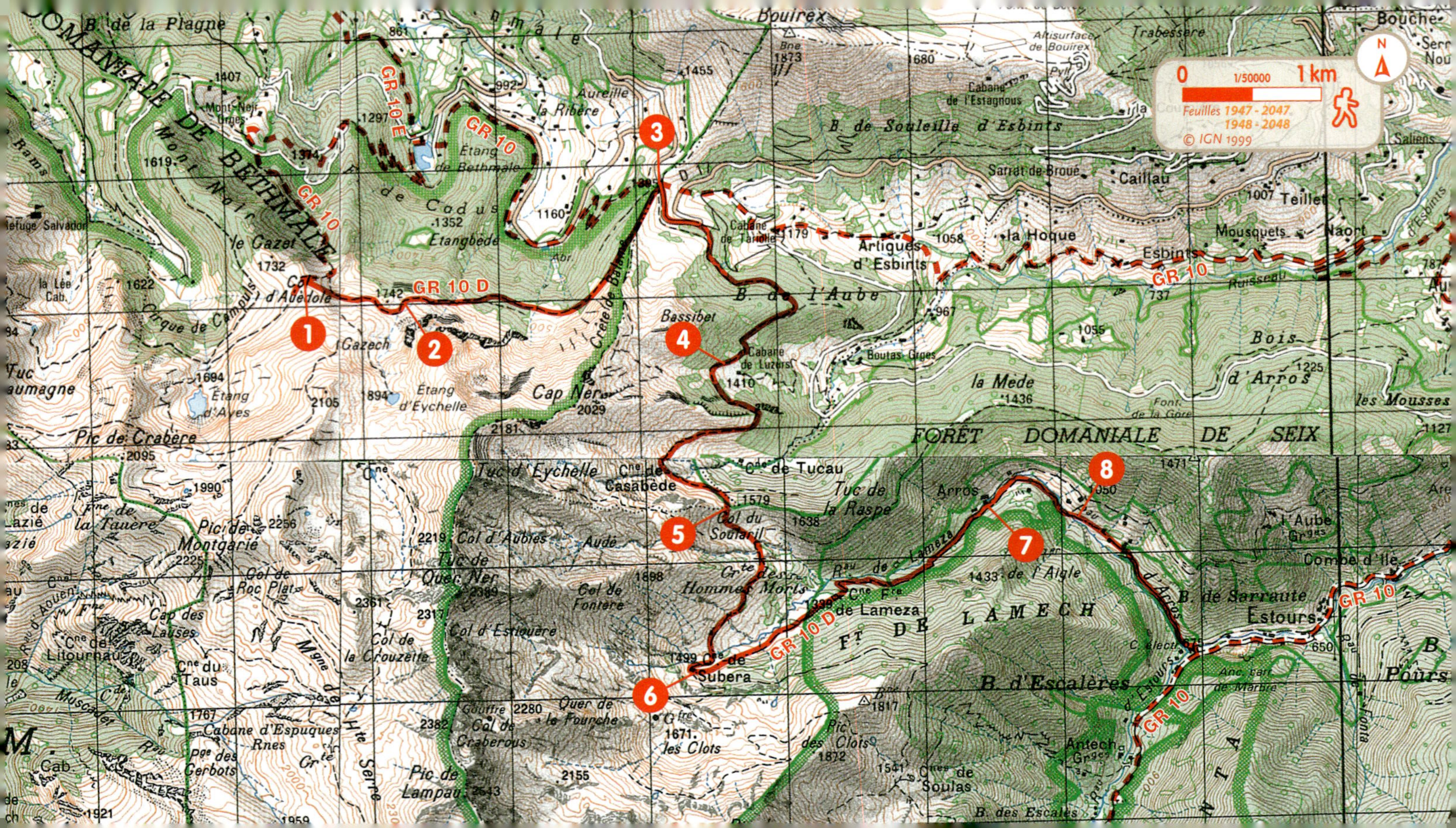

0
1/50000
1 km
Feuilles 1947 - 2047, 1948 - 2048
© IGN 1999
N
1
2
3
4
5
6
7
8
GR 10
GR 10 D
GR 10 E
FORÊT DOMANIALE DE SEIX
DOMANIALE DE BETHMALE
Bouirex
Col d'Auédole
Gazech
Étang d'Eychelle
Étang d'Aves
Cap Ner
Pic de Crabère
Bassibet
Cabane de Luzers
B. de l'Aube
Artigues d'Esbints
la Hoque
Esbints
Caillau
Teillet
Mousquets
Naort
Sarrat de Broué
B. de Souleille d'Esbints
Cabane de l'Estagnous
Trabessère
Étang de Bethmale
de Codus
Etangbède
Aureille
la Ribère
le Gazet
Cirque de Campuls
Crête de Balame
Tuc d'Eychelle
Cne de Casabède
Cne de Tucau
Tuc de la Raspe
Col du Soularil
Crte des Hommes Morts
Col de Fontère
Col d'Aubies
Col d'Estiouère
Col de la Crouzette
Pic de Montgarié
Col de Roc Plats
Cne de Subera
les Clots
Quer de la Fourche
Col de Craberous
Pic de Lampau
Pic des Clots
B. d'Escalères
Ft DE LAMECH
de Lameza
de l'Aigle
Arros
Estours
B. de Sarraute
Combe d'Ile
l'Aube
Antech
Pours
Bois d'Arros
la Mede
Cabane d'Espugues
Cne du Taus
Cne de Litournau
Pic de la Fauère
Refuge Salvador
Bouche
B. des Escalès
Cnes de Soulas

# Variante GR® 10 D
## Col d'Auédole – carrières de marbre d'Estours

**5 h 30**  **GR®10 D**

Le premier tronçon de la variante est déconseillé par mauvais temps et le second comporte des passages dangereux en début de saison. Cette variante se détache du GR® 10 au col d'Auédole *(voir page 41)*. Elle évite de redescendre dans les vallées où se trouvent les gîtes d'étape.

Elle est composée de deux tronçons :
- le premier, du col d'Auédole au pas de la Core.
- le second, du pas de la Core aux carrières de marbre d'Estours.

Au pas de la Core, la variante croise le GR® 10 et il est toujours possible de combiner les deux itinéraires.

### Du col d'Auédole au pas de la Core    1 h 15

**1** Du col d'Auédole (1 730 m), se diriger à droite (est) en gardant la même altitude sur 750 m, jusqu'à un couloir d'écoulement de l'étang d'Eychelle, flanqué sur sa droite des formidables parois du Balam.

**2** Descendre, toujours vers l'est, au pied de la crête de Balam. Vers 1 467 m d'altitude, parcourir un remarquable gradin de relief glaciaire, à une encoignure du cirque. Monter légèrement (nord-est), en limite supérieure des parties boisées, puis descendre la pente gazonnée jusqu'au pas de la Core (1 395 m).

Jonction avec le GR® 10 qui, à gauche (ouest) vient du col d'Auédole par l'étang de Bethmale *(cet itinéraire doit être suivi, en cas de mauvais temps, par les randonneurs venant en sens inverse)*. À droite (est), il se dirige vers le gîte d'étape d'Esbints.

### Du pas de la Core à la cabane de Luzurs    45 mn

> Col situé à la pointe nord du grand chaînon du Valier, entre les bassins du Salat et du Lez. Passage de la D 17 reliant Seix (12 km) aux Bordes-sur-Lez (15 km).

**3** Du col, suivre la D 17 à droite sur 600 m et, dans le lacet, prendre la piste à droite. Elle se termine après 1 km. Continuer par le sentier à droite. Il mène à la cabane de Luzurs (1 410 m).

**la cabane de Luzurs >** *(abri de 6 places, cheminée, fléchage bleu pour l'eau)*

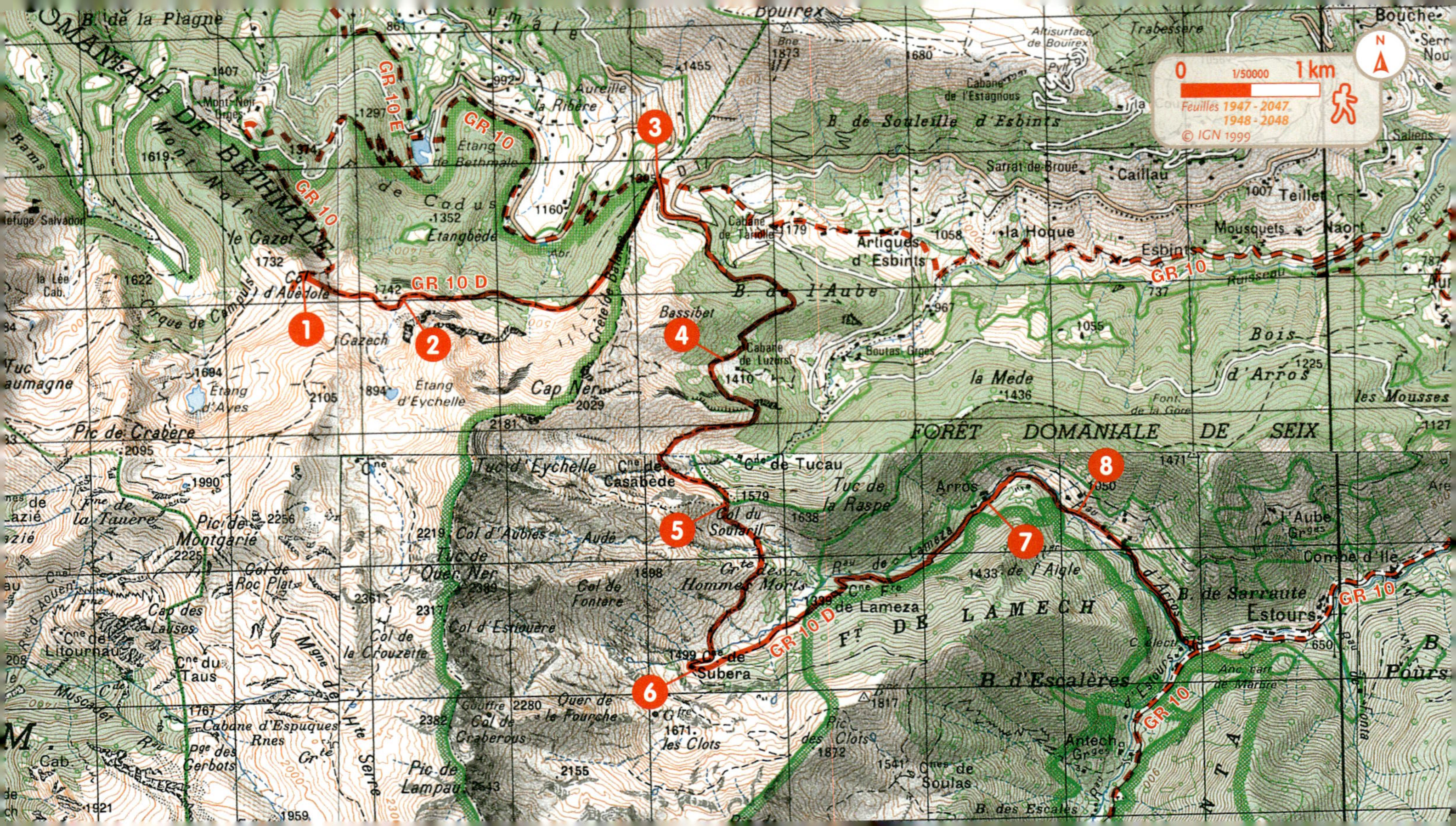

0 1/50000 1 km
Feuilles 1947 - 2047 1948 - 2048
© IGN 1999
N
1
2
3
4
5
6
7
8
GR 10 D
GR 10
GR 10 E
FORÊT DOMANIALE DE SEIX
Col d'Auédole
Cap Ner
Étang d'Eychelle
Étang d'Ayes
Pic de Crabère
Bassibet
Cabane de Luzurs
Col du Soularil
Subera
Arros
Estours
Ft DE LAMECH
B. d'Escalères
Artigues d'Esbints
la Hoque
Esbints
Étang de Bethmale
Étangbède
la Mede
Bois d'Arros
Tuc d'Eychelle
Cne de Casabède
Cne de Tucau
Tuc de la Raspe
Col de Fontaret
Gte des Hommes Morts
Cne de Lameza
Pic de Montgarié
Pic de Lampau
les Clots
Bourirex
B. de Souleille d'Esbints
Sarrat de Broué
Caillau
Mousquets
Teilles
Naort
Aureille
la Ribère
Mont Noir
le Gazet
Gazech
Crête de Balame

## la cabane de Luzurs au col de Soularil                1 h

**cabane de Luzurs >** 🏠 *(abri de 6 places, cheminée, fléchage bleu pour l'eau)*

Contourner la cabane par la droite (ouest) en montant. Après les Escales de Marty (⚠️ **> passages dangereux en début de saison**), parvenir dans la prairie de Casabède (cabane pastorale fermée) puis, une légère montée (sud-est), gagner le col du Soularil (1 579 m).

## col du Soularil aux granges d'Arros              1 h 30

Descendre à vue au sud-est pour trouver un sentier d'estive qui parcourt le versant, à l'altitude de 00 m, sur 1 km, puis atteindre la cabane de Subera 🏠 *(cabane de berger avec une partie ouverte randonneurs, eau)*.

Abandonner le sentier et descendre par la rive droite du ruisseau. Déboucher, à l'orée de la forêt, s de la cabane (fermée) de Lameza. En quelques ressauts, le chemin dévale les fortes pentes boisées épasse une source (1 210 m). Continuer sur la rive droite du ruisseau et arriver à la hauteur des nges d'Arros (1 023 m), situées sur l'autre rive.

## es granges d'Arros aux carrières de marbre d'Estours         1 h

Rester sur la rive droite sur 1 km.

Traverser le ruisseau d'Arros sur la passerelle et poursuivre par le sentier de la rive gauche. Il cend une assez forte rampe le long d'une conduite forcée [👁 **> alimentant une mini-centrale callée au confluent des ruisseaux d'Arros et d'Estours**]. Franchir le ruisseau d'Estours sur la passerelle e devant la centrale électrique et déboucher sur une route, près des carrières de marbre d'Estours 5 m).

**>** Situées au confluent des ruisseaux d'Arros et d'Estours.

Jonction avec le GR® 10 qui vient à gauche du gîte d'étape d'Aunac et du pas de la Core *ir page 47)* et qui se dirige à droite vers la cabane d'Aula *(voir page 49)*.

GENTIANE / PHOTO M. DOUMENJOU

## ENVIRONNEMENT
## La Réserve domaniale du Mont-Valier

Le GR® 10, dans la traversée du Couserans, jouxte la Réserve domaniale du Mont-Valier, dans les vallées de Bonac, du Ribérot et de Bethmale.

Cette réserve faunistique, gérée par l'Office national des forêts, est la plus importante de l'Ariège avec 9 037 hectares de superficie (dont 30 % de forêt) avec en son centre le majestueux Valier (2 838 m).

La réserve fut créée en 1937, dans le but de mettre un terme à l'extermination du gibier de montagne.

Aujourd'hui, la diversité faunistique de la réserve est remarquable : l'isard, le grand tétras, le lagopède et les grands rapaces en sont les fleurons. La population d'isards est passée de quelques dizaines en 1937, à environ 1 500 actuellement.

Plusieurs couples d'aigles royaux fréquentent le site, tout comme le gypaète barbu, ou les vautours fauves, dont on peut observer les grands rassemblements de plus de cinquante oiseaux, prêts à jouer leur rôle d'équarrisseur de la montagne. La forêt est le royaume du grand tétras, oiseau extrêmement fragile, dont la sauvegarde est liée à la diversité biologique de la forêt et à la limitation de l'impact des activités humaines.

Les zones non-boisées (70 % de la réserve) permettent le pâturage de plusieurs milliers d'ovins, mais aussi d'équins et de bovins, indispensables pour l'entretien de cet espace. Les autres espèces, grand tétras, lièvres ou encore lagopèdes, profit de ce nettoyage naturel qui préserve l environnement.

Sachez profiter de cette nature sauva tout en évitant de perturber le milieu, il recommandé de tenir les chiens en lai dans la réserve.

Le mont Valier / photo M. Doumenjou - CDR

82 • GR®10 • Les Pyrénées Ariégeoises

## ENVIRONNEMENT
## LE PROJET DE PARC NATUREL RÉGIONAL DES PYRÉNÉES ARIÉGEOISES

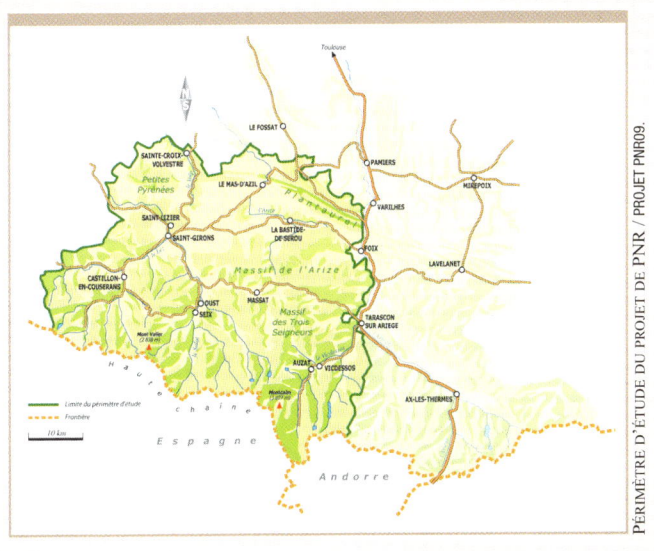

*PÉRIMÈTRE D'ÉTUDE DU PROJET DE PNR / PROJET PNR09.*

A l'ouest du département de l'Ariège, le Parc naturel régional des Pyrénées ariégeoises est en cours de création. Il réunit les plus hauts sommets de la crête-frontière (la Pique d'Estats, le Mont Rouch, le Crabère…), les plus hautes vallées et les massifs emblématiques (le Valier, les Trois Seigneurs, la Pique Rouge…) au piémont, jusqu'aux crêtes du Plantaurel au nord du Mas d'Azil.

C'est l'un des territoires les mieux préservés des Pyrénées. Il abrite un patrimoine naturel exceptionnel, avec des milieux remarquables et de nombreuses espèces endémiques ou menacées : isard, gypaète barbu, desman, euprocte des Pyrénées, grand tétras, lys des Pyrénées, etc. Il est également le siège de multiples activités humaines (agriculture, artisanat, industries…) dont certaines, comme le pastoralisme, lui sont emblématiques. Ses sites préhistoriques et historiques (Niaux, Bédeilhac, le Mas d'Azil, St Lizier…), son histoire, sa culture, son patrimoine bâti et ses paysages en font également un ensemble attachant et remarquable au sein des Pyrénées.

Moteur d'un développement durable, le Parc naturel régional des Pyrénées ariégeoises prendra appui sur ce patrimoine préservé, pour aider à revitaliser cet espace de 2 500 km² peuplé d'environ 43 000 habitants.

Tout comme les autres Parcs naturels régionaux, il contribuera à protéger et à valoriser le patrimoine, à soutenir le développement économique et social et l'innovation. Il participera également à l'accueil et à l'information des habitants, touristes et visiteurs.

Sa création est envisagée à partir de fin 2008 - début 2009.

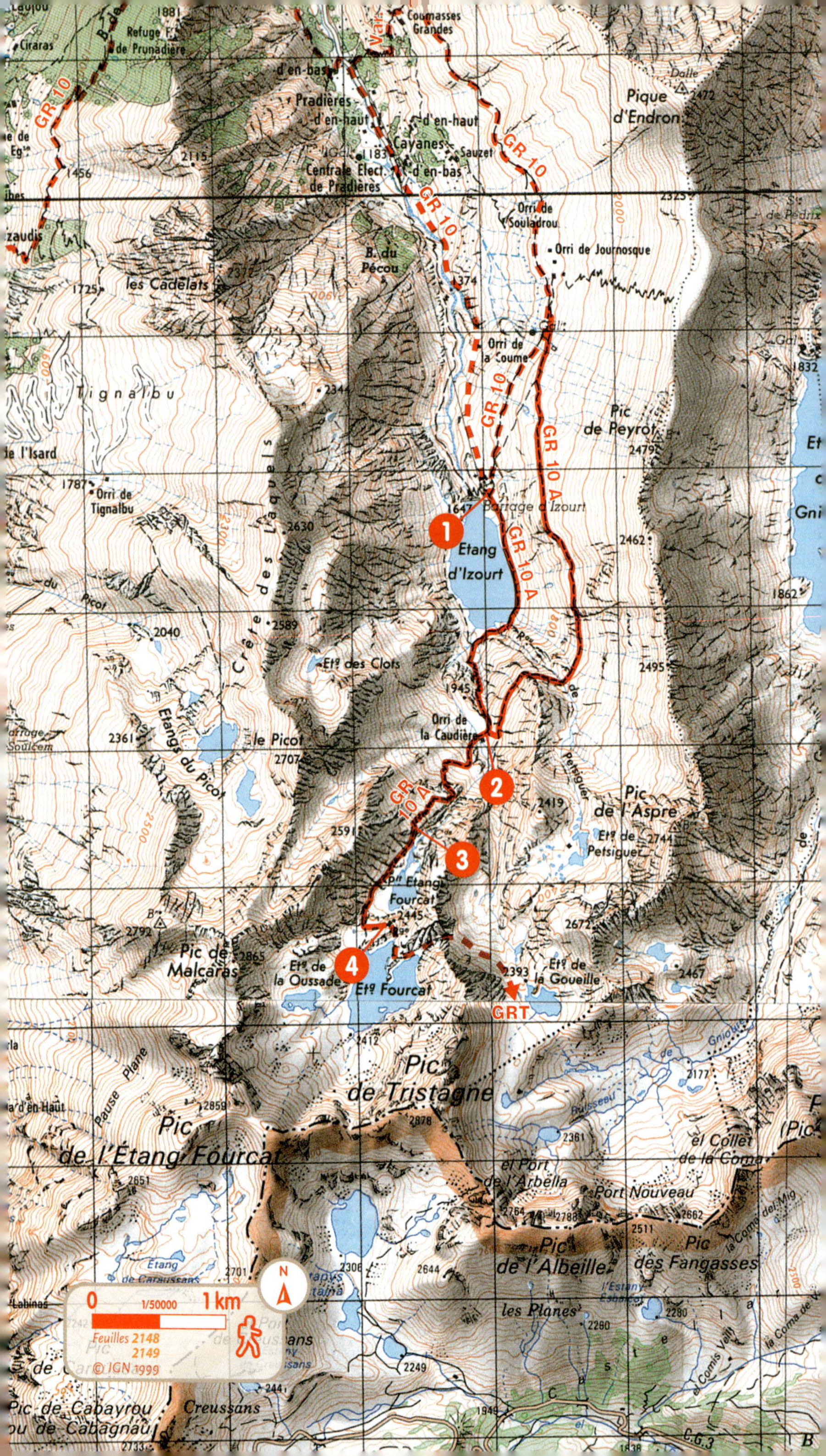

Refuge de Prunadière
Coumasses Grandes
Pique d'Endron
Pradières-d'en-haut
Cayanes
Sauzet
Centrale Elect. de Pradières
GR 10
Orri de Souladrou
Orri de Journosque
B. du Pécou
les Cadelats
Orri de la Coume
Tignalbu
Pic de Peyrot
Orri de Tignalbu
Barrage d'Izourt
Etang d'Izourt
GR 10 A
Crête des Laquets
Etg des Clots
Orri de la Caudière
Etangs du Picot
le Picot
Pic de l'Aspre
Etg de Petsiguer
Etg de la Oussade
Etg Fourcat
Pic de Malcaras
Etg de la Goueille
GRT
Pic de Tristagne
Pic de l'Etang Fourcat
el Port de l'Arbella
Port Nouveau
el Collet de la Coma
Pic de l'Albeille
Pic des Fangasses
les Planes
Pic de Cabayrou ou de Cabagnau
Creussans
1
2
3
4
0
1/50000
1 km
Feuilles 2148 2149
© IGN 1999

# Variante GR® 10 A
## Étang d'Izourt – Orri de Journosque

**5 h** — **GR®10 A**

Cette variante permet de visiter le fond de la vallée d'Artiès et de faire étape au refuge du Fourcat. Elle se détache du GR® 10 au barrage de l'Étang d'Izourt (voir page 63).

### Du barrage de l'Étang-d'Izourt aux orris de la Caudière — 1 h

Le GR® 10A longe l'étang d'Izourt (1 647 m) par la gauche (est). Au bout, prendre le sentier bien tracé qui remonte la rive gauche du ruisseau. En pente raide, il zigzague dans le gispet (herbe dure et glissante), passe un verrou et atteint les orris de la Caudière (1 942 m).

### Des orris de la Caudière aux Hommes de Pierre — 1 h 30

Traverser le ruisseau de l'Étang-Fourcat et monter (sud-ouest) vers des falaises. Le bon départ dans les rochers est situé à 150 m du torrent. Le chemin, bien construit, s'élève en se rapprochant du ravin qu'il domine un court moment, puis de 2 200 m à 2 300 m, remonte, parallèlement au ruisseau, sur plateau intermédiaire [⊙ > cascade]. Il franchit une barre rocheuse en direction des Hommes de Pierre (2 350 m ; ⚠ **> grands cairns à l'entrée du cirque du Fourcat**).

### Des Hommes de Pierre au refuge du Fourcat — 30 mn

⊙ > Comme son nom l'indique, le Fourcat est un cirque en forme de fourche enchâssé dans les pics de la frontière.

Descendre à la pointe nord du Petit étang Fourcat (2 339 m) et longer la rive ouest en prenant de la hauteur. En vue du Grand étang (2 420 m), partir à gauche (est) à travers des bancs de roches moutonnées, pour atteindre le refuge du Fourcat (2 445 m).

### Du refuge du Fourcat à l'orri de Journosque — 2 h

**refuge du Fourcat >** 🏠

Pour revenir vers le GR® 10, deux possibilités :
- soit reprendre le même itinéraire qu'à l'aller jusqu'au barrage de l'Étang-d'Izourt (2 h) ;
- soit revenir jusqu'à l'orri de la Caudière (⚠ **> itinéraire comportant des passages vertigineux, à n'emprunter que par beau temps, et réservé à des randonneurs habitués au terrain montagnard**).

Emprunter le sentier qui part à droite (est). Il parcourt la pente à flanc puis domine l'étang d'Izourt (⚠ **> passages vertigineux**) et continue jusqu'aux abords de l'orri de Journosque (1 786 m).

Jonction avec le GR® 10 qui vient à gauche directement du barrage de l'Étang-d'Izourt et qui, tout droit, se dirige vers Goulier *(voir page 63)*.

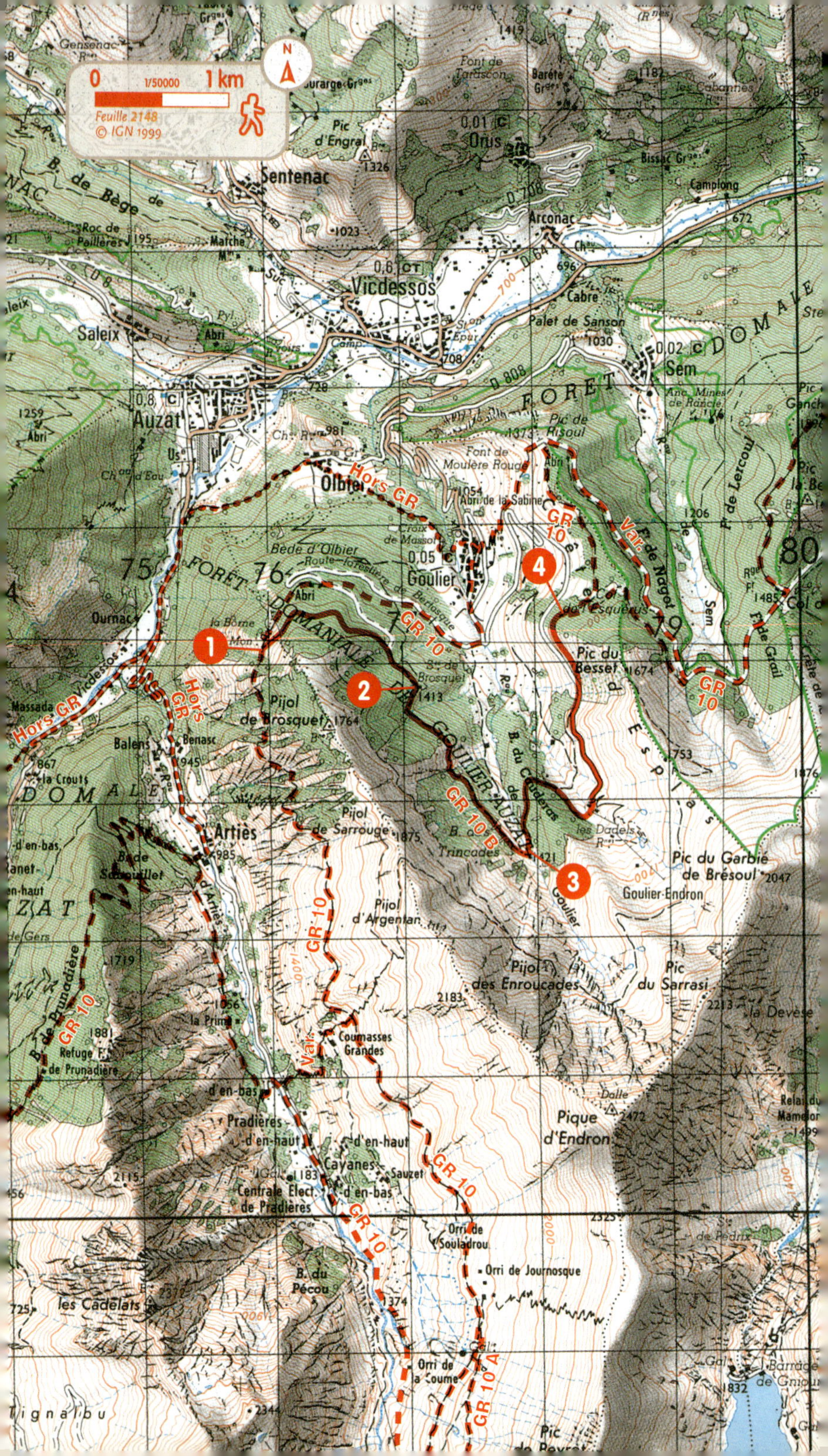
0
1/50000
1 km
Feuille 2148
© IGN 1999
N
Sentenac
Vicdessos
Orus
Arconac
Saleix
Auzat
Olbier
Goulier
Sem
Cabre
Palet de Sanson
FORÊT DOMANIALE
Hors GR
GR 10
GR 10 B
GR 10 A
Var.
Pic de Risoul
Abri de la Sabine
Col de l'Esquérus
Pic du Besset
Pic de Brosquet
Pijol de Sarrouge
Pijol d'Argentan
Artiès
Benasc
Balens
Ournac
Pic du Garbié de Brésoul
Goulier-Endron
Pijol des Enroucades
Pic du Sarrasi
Pique d'Endron
Coumasses Grandes
Pradières-d'en-haut
Centrale Élect. de Pradières
Cayanes
Orri de Souladrou
Orri de Journosque
Orri de la Coume
les Cadelats
Refuge F. de Prunadière
Pic d'Engral
1
2
3
4

## Variante GR® 10 B
## Stèle du GR® 10 – Col de l'Esquérus

**2 h 45**    **GR®10 B**

Cette variante se maintient à une altitude à peu près constante et évite la descente dans la vallée où se trouve la gîte d'étape. Elle se détache de l'itinéraire principal à la stèle du GR® 10 *(voir page 63)*.

### De la stèle du GR® 10 au refuge de la Prade                                1 h 30

- À la stèle commémorative, continuer par le « Chemin horizontal » qui traverse le haut du vallon Goulier, au pied du pic d'Endon. Il contourne le chaînon des Pijol et arrive à la source de Brosquet (1 413 m).

- Continuer (sud-est) sur le flanc du versant tailladé par des couloirs d'avalanches. Franchir le ruisseau de Goulier, puis le chaînon boisé du Caudéras avant de monter jusqu'au parking, près du refuge de la Prade (1 500 m ; *refuge communal fermé*).

### Du refuge de la Prade au col de l'Esquérus                                 1 h 15

- Traverser le parking, emprunter la route qui descend à Goulier sur 500 m, puis suivre à droite la piste forestière horizontale, parallèle à la route, sur 1 km et atteindre une intersection.

Jonction avec le GR® 10 qui vient en face de Goulier et qui, à droite, se dirige vers le col de l'Esquérus *(voir page 65)*.

- Monter par le sentier à droite et parvenir au col de l'Esquérus (1 467 m).

MARMOTTE / PHOTO M. DOUMENJOU.

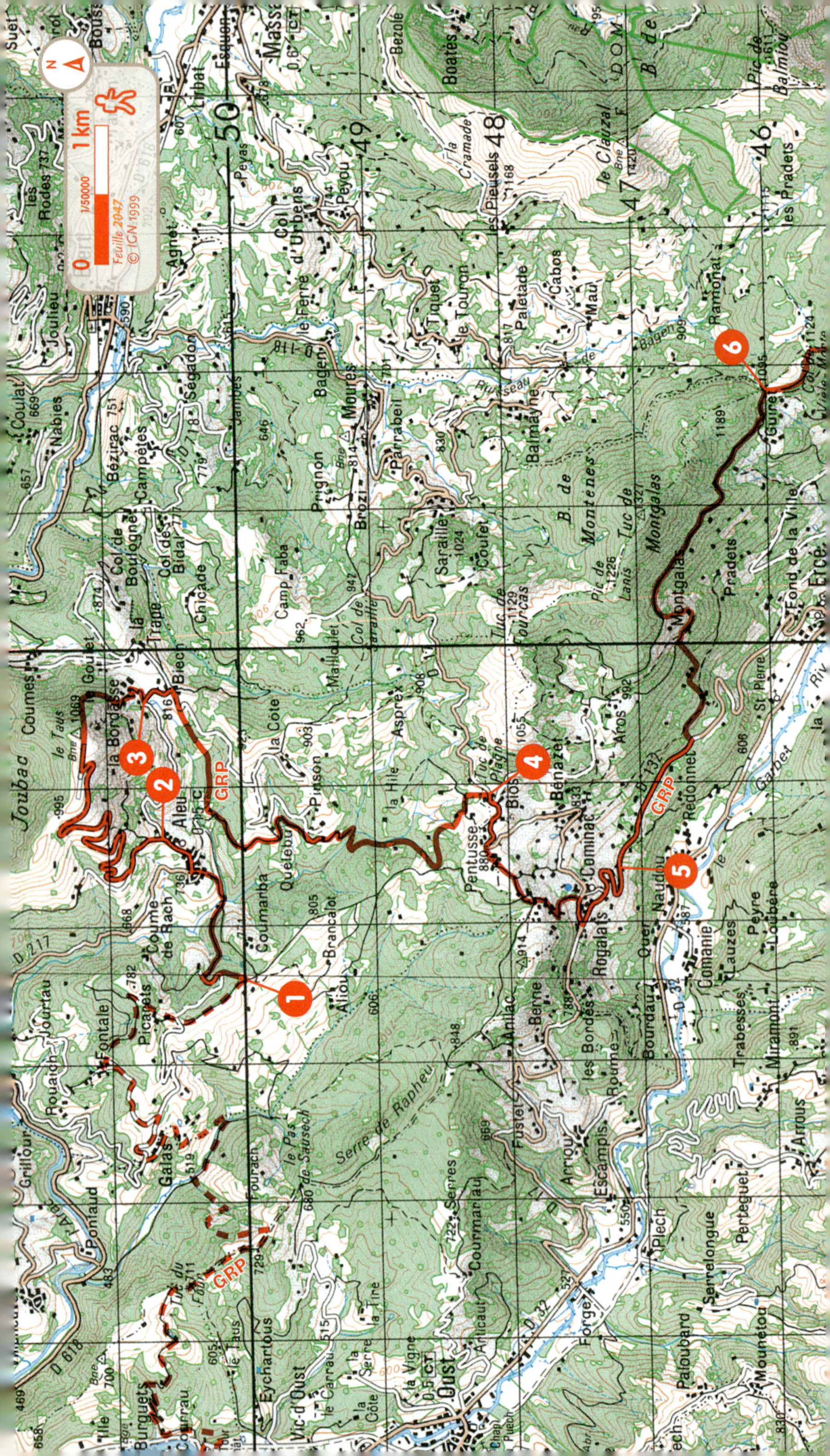

N
0
1 km
1/50000
Feuille 2047
© IGN 1999
GRP
1
2
3
4
5
6
Joubac
Aleu
la Bordasse
Coumes
Gouet
Pentusse
Bios
Benazet
Cominac
Rogalais
Redonnet
Montgalas
Tuc de Montgalas
Gure
Ramonat
Col d'Urbens
Mourès
Bagen
Sarraille
Coufet
Ségadou
Agnat
Nabias
Bézirac
Col de Bouigue
Col des Bidal
Chicade
Camp Faba
Maillouet
Asprex
la Côte
Pinson
Queleu
Coumarba
Brancalot
Aliou
Serre de Rapheu
Galas
Picarets
Fontale
Coume de Rach
Eycharbus
Vic-d'Oust
Oust
Cour Marrau
Serres
Ercé
Escampis
Arrou
Fustet
Anilac
Berne
Bourdau
Oucr
Naudou
Comanie
Lauzes
Peyre
Trabesses
Miramont
Arrous
Pradets
Fond de la Ville
St Pierre
Garbet
les Pradets
Pic de Balmiou
le Clauzal
Boatès
Massat
Cabos
Paletade
Tiquet
le Touron
Peyou
la Cramade
Palmayne
Barrabeil
Prignon
Brozi
Col de Saraille
Tuc de Touncas
Pic de Lanis
B. de Montenès
Aros
Plech
Serrelongue
Perteguet
Palouard
Mounetou
Forge
Arnicaut
la Vigne
la Côte
Pourach
le Pas de Sausech
Grillou
Rouaich
Pontaud
Burguets
D 618
D 32
D 17

# Le GRP® Tour du Val du Garbet
# Sentier des Montreurs d'Ours
## (les « oussaillés »)

L'itinéraire est décrit à partir du gîte de la Bernadole (commune d'Aleu). Les randonneurs venant d'Oust *(accès par car)* peuvent rejoindre le GR® de Pays au pas de Sausech *(voir page 99)*.

### Du gîte de la Bernadole à Aleu — 30 mn

**Du gîte de la Bernadole >**

Du gîte de la Bernadole (750 m), prendre le chemin au nord-est, suivre la piste à droite puis, avant Malassus, descendre à droite en sous-bois, franchir la vallée, puis remonter à gauche pour gagner Aleu (636 m). Monter dans le village par la route.

### D' Aleu à La Bordasse — 1 h 35

À la fourche, prendre la route du Calvaire à gauche, puis monter à droite, passer l'aérodrome du château de Joubac et atteindre le sommet du plateau (manche à air, 1 069 m). Descendre dans la hêtraie dans le hameau de La Bordasse (850 m) [ > fontaine].

### De La Bordasse à Bios — 1 h 15

Emprunter la route à gauche jusqu'à Biech. En face du lavoir, prendre le chemin à droite. Il mène au pont d'Aleu (700 m). Ne pas le franchir, mais monter par la piste à gauche et, après Le Sarrat, gagner Ensou. Rester à droite, passer en contrebas d'une grange ruinée, franchir le ruisseau d'Aleu et remonter à travers la hêtraie jusqu'à Bios (900 m).

### De Bios au gîte de la Comté — 30 mn

Emprunter la D 17 à droite sur 500 m et, à Pertusse, prendre la piste à droite. Elle passe derrière une grange couverte de chaume, traverse Coumes, puis descend à Cominac (788 m). Passer devant l'église [ > en 1907, les ours empêchèrent les huissiers de réaliser le fameux « inventaire » décrété par la république], puis suivre la D 132 à gauche. Elle dessert le gîte de la Comté (750 m).

### Du gîte de la Comté au col de la Vièle-Morte — 1 h 50

**Du gîte de la Comté >**

Poursuivre par la D 132 en direction d'Ercé sur 800 m, puis monter par le sentier à gauche dans le bois (nord, puis est) et atteindre les granges de Montgalas. À la dernière grange, continuer par le large chemin (nord), puis emprunter la route forestière du Montgalas à droite jusqu'au « faux » col de Vièle-Morte (1 095 m).

**GRP®** • Tour du **Val du Garbet** • **89**

## TRADITION
## LES OUSSAILLÉS OU MONTREURS D'OURS

Les habitants des communes d'Aulus, Ercé, Oust et Ustou s'étaient spécialisés dans une bien curieuse profession : celle de montreurs d'ours. Dans un premier temps, non contents de vendre la peau et la graisse de l'ours, ces montagnards avaient aussi vendu des oursons orphelins, plus ou moins apprivoisés. Une peau d'ours, avant d'être vendue, était promenée un peu partout dans le pays, et le chasseur recevait sa « récompense » pour une action salutaire, en faisant la quête...

Alors pourquoi ne pas promener un ou[rs] vivant ? On a cru que cette « industrie [ ] n'était apparue dans l'Ariège qu'après 183[0]. Il est plus vraisemblable de croire qu[e] l'idée en vint aux ariégeois pérégrinan[ts] qui rencontraient de nombreux Italien[s] montreurs d'ours, venus notamment d[e] Parme traîner leur bête en pays toulousain[.]

Vers 1900, les « oussaillés » sont nombreux[,] plusieurs centaines, assure-t-on. O[n] manquait d'ours, ou plutôt d'oursons. Le[s] Espagnols en amenaient bien quelque[s]-uns, mais le « recrutement » se f[ait] européen : de Hongrie ou d'Allemagn[e,] voire de Russie.

Il y eut une école d'ours à Ercé, [où] les châtiments corporels n'y étaie[nt] pas prohibés. L'éducation du jeu[ne] ours était particulièrement cruell[e.] De Cassagnac a conté comment s[e] déroulait la « ferrade », c'est-à-dir[e] la pose d'un anneau de fer dans [le] museau de l'ours : cérémonie mêlé[e] de hurlements horribles qui attira[it] toujours un flot de curieux, comm[e] tous les grands divertissements [et] toutes les grandes détresses. Certains montreurs d'ours connuren[t] des destins tragiques, étranglé[s] ou dévorés par leur « compagno[n] d'infortune ».

D'après *Quand l'Ariège changea [de] siècle*, Pierre Salie[s]

L'Ariège Pittoresque — 23. Eleveur d'Ours des Pyrénées

Fauré et ses Fils, photo-éditeurs, St-Girons (Ariège)

LE MONTREUR D'OURS / D.R.

PORTEURS DE GLACE / DESSIN M. GILABERT.

**TRADITION**

## LES « PORTEURS DE GLACE » D'AULUS

« Porteur de glace » fut une profession typiquement aulusienne. Quelques solides montagnards étaient engagés par des hôteliers pour aller quérir la glace nécessaire au rafraîchissement des boissons. Ces « forts de glace » partaient, le soir venu, en direction des neiges éternelles où, armés d'un marteau, ils découpaient un gros bloc de soixante-dix kilos environ qu'ils chargeaient sur leurs épaules. C'était ensuite la descente vers la vallée où nos gaillards devaient arriver à l'aube, au terme d'une nuit de marche, chargés comme des mulets. Après quoi, pour quelques sous, ils distribuaient leur précieuse cueillette. À Aulus, certains se souviennent même qu'à la suite d'un pari avec un baigneur, un autochtone avait réussi à charger cent kilos de glace sur ses épaules.

D'après *Quand l'Ariège changea de siècle*, Pierre Salies.

**TRADITION**

## L'ORRI OU HABITAT PASTORAL

L'orri se définit comme une construction de pierres sèches plus ou moins circulaire dont le toit est une voûte formée d'assises en surplomb. Cette voûte est souvent recouverte de mottes de gazon arrachées à la prairie. Parfois, l'orri aménage un abri naturel contre un ou plusieurs rochers. Dans tous les cas, à côté de lui, on retrouve un enclos de pierres sèches où l'on parquait les moutons : c'est le courtal (ou cortal).

On retrouve des orris à partir de 1 200 m jusqu'à 2 400 - 2 500 m d'altitude ; ils sont toujours à proximité d'un ruisseau. Les groupes d'orris sont nombreux dans la haute vallée de Vicdessos : Soulcem, Tignalbu, Carla, Mespalat, Bassies, Izourt... Au total, plus d'une centaine étaient utilisés au XIX$^e$ siècle durant l'été.

Chaque famille envoyait alors plusieurs hommes pour assurer la garde des troupeaux et pour la fabrication du fromage (fait à base de lait de vache et de brebis ou seulement de lait de vache). Ce dernier était affiné sur place dans le mazuc. Le plus réputé d'entre eux était celui de Bassiès. Chaque orri avait son troupeau individuel composé de cinq ou six vaches, de deux cents à quatre cents ovins et de quelques chèvres et porcs.

Au début du XX$^e$ siècle, le déclin du pastoralisme entraîna progressivement l'abandon des orris. Aujourd'hui très rares sont les bergers qui viennent encore, ne serait-ce que quelques jours, garder leur troupeau et faire vivre cette montagne qui fut tant animée au XIX$^e$ siècle.

Extrait du topo-guide *Autour du Montcalm* édité par l'Office de tourisme d'Auzat-Vicdessos.

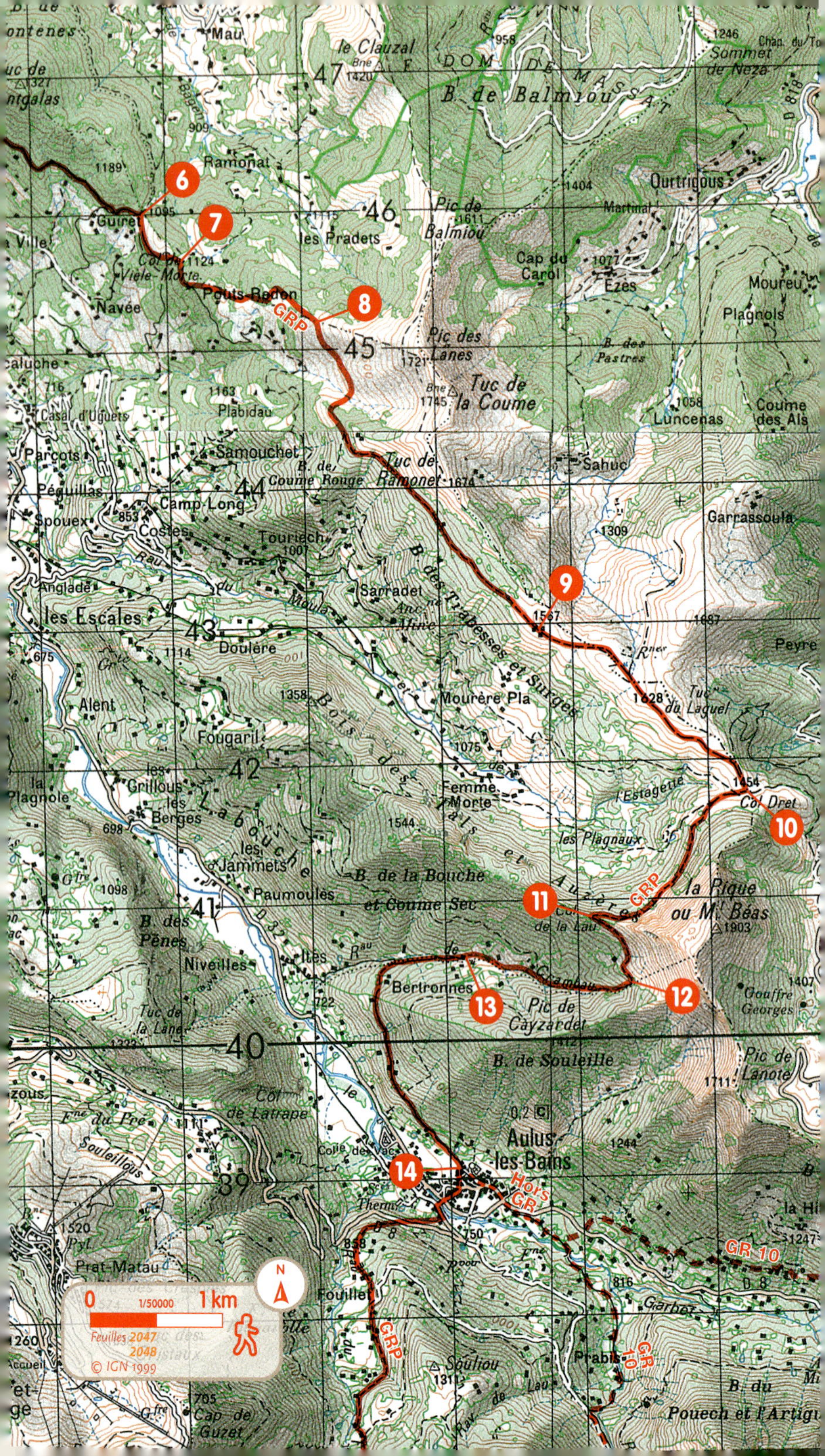

Utiliser la piste à droite (sud-est). Elle monte au col de Vièle-Morte (1 124 m).

## Du col de Vièle-Morte au col Dret  2 h 20

Ne pas franchir le col, mais poursuivre par la piste à droite (sud). À la fourche (1 145 m), prendre la piste de gauche. Elle monte aux granges de Pout-Redon (1 226 m), part à gauche, puis s'élève vers l'est. À l'intersection, emprunter la piste de droite sur 150 m et, dans le prolongement, s'engager sur la sente qui se faufile à travers fougères et blocs de rochers vers l'est.

À l'altitude de 1 400 m, poursuivre par le bon sentier qui passe à niveau la coume des Lannes. Franchir le ruisseau du même nom (⚠ > zone très humide) et retrouver le sentier bien marqué qui monte vers l'ouest sur 300 m, puis se dirige au sud-est et traverse le bois des Trabesses-et-Surges. À la sortie de la forêt, gagner un mamelon (cabanes de berger en ruines).

Des cabanes, descendre en pente douce par le sentier vers l'est, contourner la petite éminence (1 591 m) par la gauche (nord) et passer à droite (sud) des cabanes ruinées du Courtal-d'Arbeit, sur un petit plateau humide.

⚠ > L'orientation est délicate par temps de brouillard.

Poursuivre tout droit (sud-est) par le sentier. Il monte sur la croupe du Tuc de Laguel, puis descend (sud-est) pour aboutir au col Dret (1 454 m).

## Du col Dret aux granges de Bertronnes  1 h 30

◉ > Col de passage des bergers de la vallée du Garbet vers le plateau d'estive du port de Lers. Point de vue sur les massifs du Valier, à l'ouest, et des Trois-Seigneurs à l'est.

Tourner à droite, puis bifurquer deux fois à gauche (sud-ouest). Le sentier longe le flanc de la montagne en contournant la paroi rocheuse du mont Béas, puis s'élève à travers bois jusqu'au col de Lau [◉ > 1 519 m ; vue sur la chaîne du Couserans, avec à l'ouest le mont Valier et au sud-est les pics de Pentussan, des Trois-Contes et le pic Rouge de Bassiès, 2 676 m ; vue au sud sur la vallée et la cascade du Fouillet].

Le sentier vire à gauche (est), reste à flanc et s'enfonce dans la hêtraie.

Descendre à travers bois, droit vers le lit du ruisseau et continuer par le large sentier qui mène à d'anciens pré de fauche, où se trouvent les granges de Bertronnes (1 100 m).

## Des granges de Bertronnes à Aulus-les-Bains  50 mn

Continuer la descente, franchir le ruisseau, puis le longer sur l'autre rive. Déboucher dans la vallée du Garbet [◉ > vue au fond de la vallée d'Ars sur la cascade haute de 110 m], poursuivre par le chemin de gauche et atteindre l'église d'Aulus-les-Bains (750 m).

**Aulus-les-Bains >** 🅿 🏨 🛖 🍴 🔧 🍺 ℹ 🚌

◉ > L'ancien presbytère a été transformé en gîte d'étape ; on peut y voir une exposition de photographies anciennes retraçant la vie au pays et la station thermale vers les années 1900.

**GRP®** • Tour du Val du Garbet • **93**

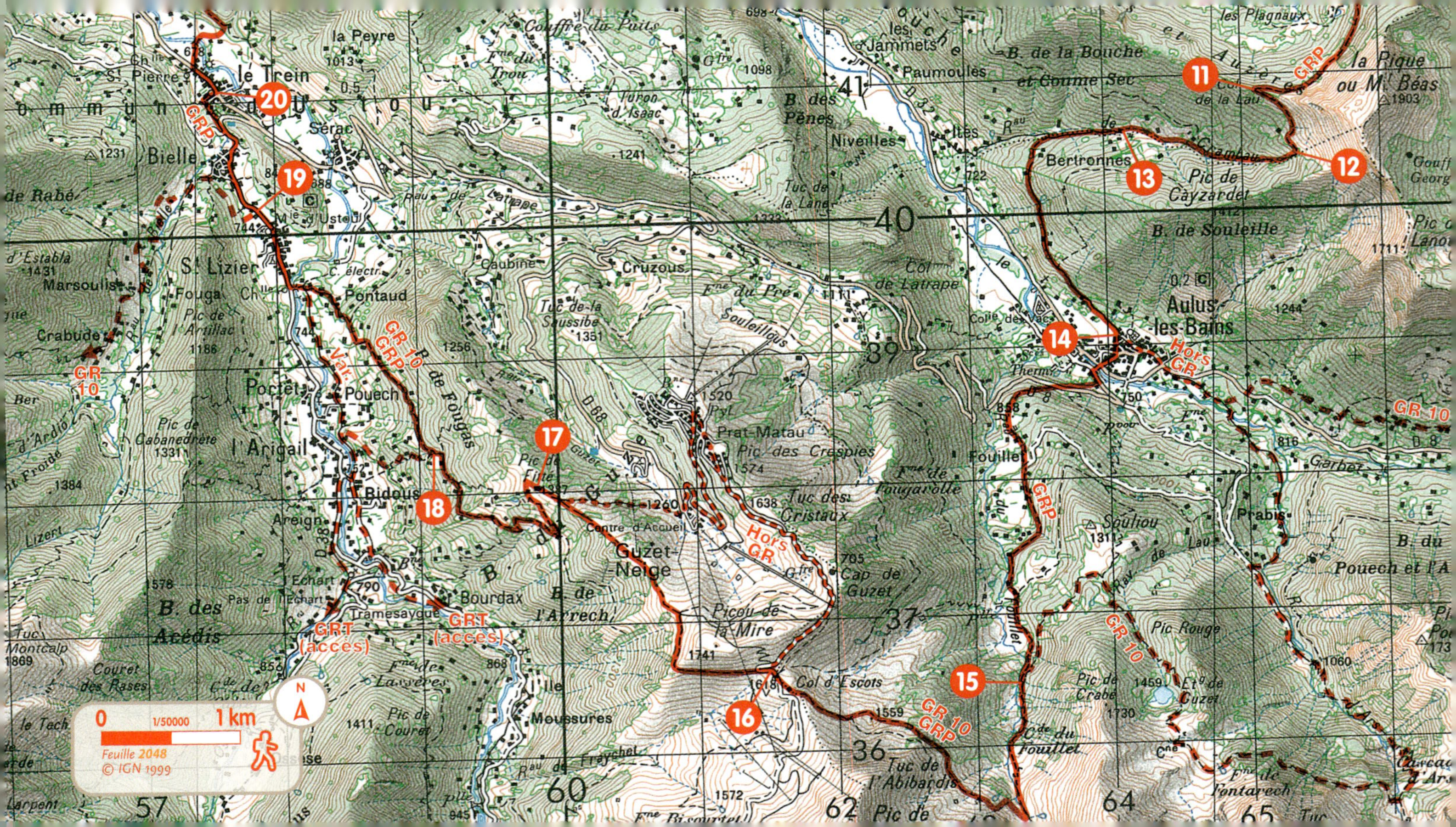

le Trein
St Pierre
Bielle
Sérac
M^lie d'Usteu
St Lizier
Fouga
Pontaud
Pouech
Poctet
l'Arigail
Bidous
Areign
Tramesaygue
Bourdax
Guzet-Neige
Centre d'Accueil
Prat-Mataü
Pic des Crespies
Tuc des Cristaux
Cap de Guzet
Picou de la Mire
Col d'Escots
Tuc de l'Abibadis
Fouillet
Col du Fouillet
Pic de Crabé
Pic Rouge
Soulïou
Prabis
Aulus-les-Bains
Col de Latrape
Cruzous
Caubine
Tuc de la Sausse
Souleilious
Col de la Lau
la Pique ou Mt Béas
Pic de Cayzardet
B. de Souleille
Bertronnes
Paumoules
les Jammets
Niveilles
B. des Pênes
Tuc de la Lane
Couffre du Puits
la Peyre
Marsoulis
Crabude
Pic de Cabanedrete
Pic d'Artillac
B. des Acédis
Pas de l'Echart
Moussures
Pic de Couret
Courets des Rases
Tuc Montcalp
GRP
GR 10
GR 10 GRP
Hors GR
Var.
GRT (accès)
11
12
13
14
15
16
17
18
19
20
0 1/50000 1 km
Feuille 2048
© IGN 1999

## D' Aulus-les-Bains à la jasse du Fouillet　　　　　　　　　　　　　　　　　1 h 25

**Aulus-les-Bains >**

Descendre vers le Garbet, franchir le pont de la D 8 et continuer par la route à gauche sur 100 m. Monter par le chemin à droite, couper la D 8 et poursuivre l'ascension par le chemin qui dessert des granges et s'enfonce dans la vallée du Fouillet (sud). Il se rapproche du torrent, passe une cabane, puis atteint un embranchement, à l'extrémité sud de la jasse du Fouillet (1 1 70 m).

Jonction avec le GR® 10 qui arrive à gauche de la cascade d'Ars. Tout droit, les deux GR® sont communs jusqu'à Saint-Lizier-d'Ustou.

## De la jasse du Fouillet au col d'Escots　　　　　　　　　　　　　　　　　　1 h 45

Poursuivre tout droit en rive gauche du ruisseau et parvenir à la cascade du Fouillet (1 300 m). Continuer l'ascension vers le cirque de Casiérens, puis monter à droite (nord-ouest) et gravir des coulées entre les rochers. Passer près d'une cabane ruinée, puis dans une zone rocheuse. Descendre (nord-ouest) dans les rhododendrons, puis les résineux et contourner une bosse rocheuse. Le sentier s'élève à flanc (ouest) et parvient au col d'Escots (1 618 m).

## Hors GR® > vers Guzet-Neige　45 mn　*(en été)*

Prendre le chemin carrossable à droite. Il domine le cirque de Guzet et mène à la station (1 360 m).

## Du col d'Escots aux pic et col de Fitté　　　　　　　　　　　　　　　　　　40 mn

Dans le lacet de la piste, continuer tout droit (ouest) par le chemin qui contourne le Picou de la Mire, puis descendre par la crête facile jusqu'au pic de Fitté (1 387 m).

## Hors GR® vers Guzet-Neige　30 mn　*(en été)*

Prendre le chemin presque horizontal à droite et gagner la station (1 360 m).

## Du col de Fitté à Saint-Lizier-d'Ustou　　　　　　　　　　　　　　　　　　1 h 20

Virer à gauche (sud), traverser une large coulée, puis descendre par des lacets et continuer par le large chemin jalonné de granges, jusqu'à un embranchement.

## Variante > par le gîte de Bidous　40 mn

Descendre à gauche, rejoindre la vallée et prendre le chemin à gauche pour gagner le gîte d'étape (852 m). Du gîte, revenir le long du torrent, passer Le Pouech et continuer jusqu'au pont d'Oque, à l'entrée de Saint-Lizier-d'Ustou *(voir tracé sur la carte).*

Continuer la descente à flanc et passer plusieurs granges avant de franchir le pont d'Oque [> construit par les Romains]. Emprunter la D 38 à droite et arriver à Saint-Lizier-d'Ustou (740 m).

Séparation du GR® 10 qui part à gauche vers Rouze.

## De Saint-Lizier-d'Ustou au Trein-d'Ustou　　　　　　　　　　　　　　　　15 mn

**Saint-Lizier-d'Ustou >**

Continuer par la D 38, passer Bielle et atteindre Le Trein-d'Ustou (680 m).

**Trein-d'Ustou >**

**GRP®** • Tour du **Val du Garbet** • **95**

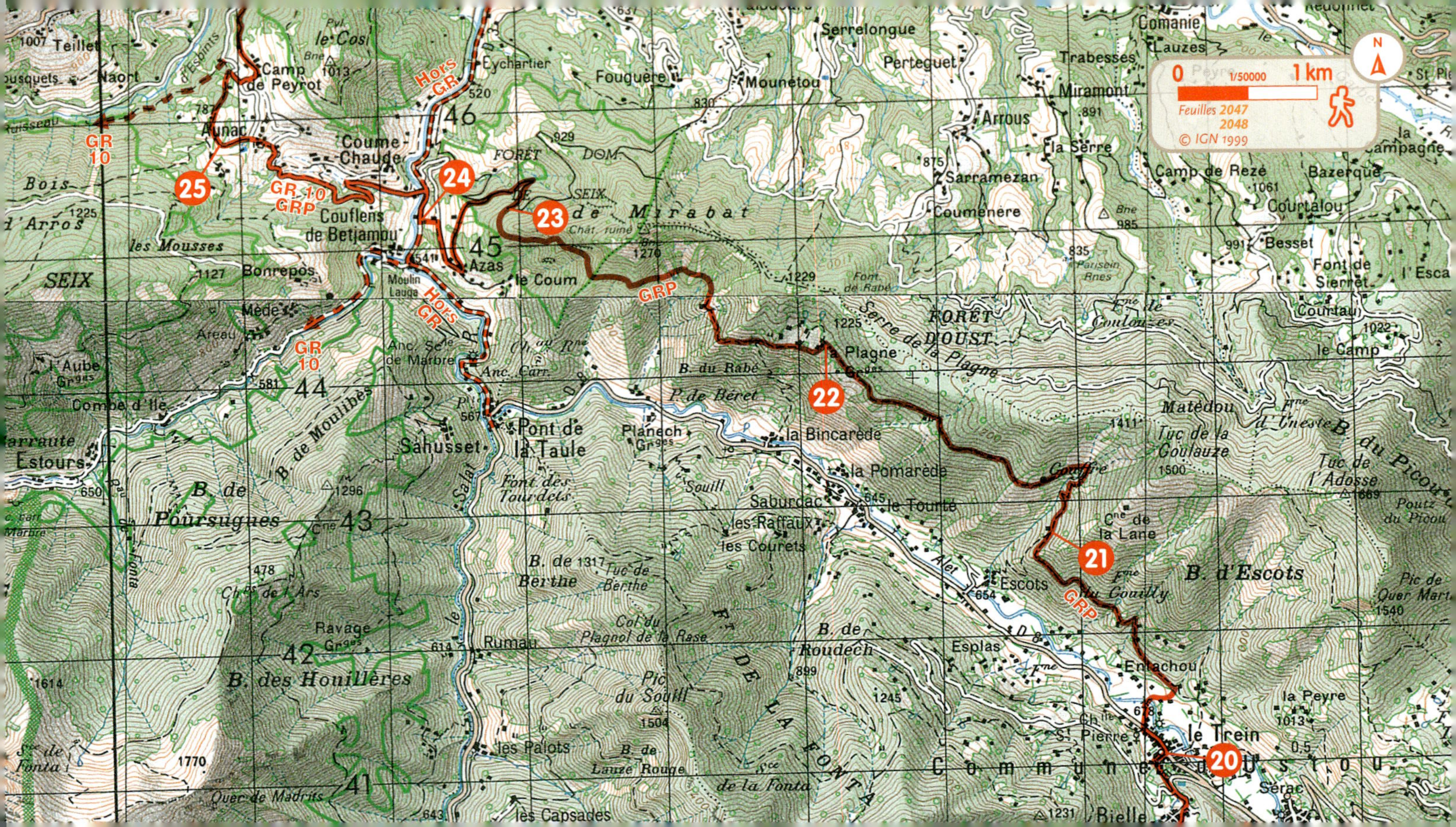

0 1/50000 1 km
Feuilles 2047 2048
© IGN 1999
Hors GR
GR 10
GR 10 GRP
GRP
25
24
23
22
21
20
Camp de Peyrot
Aunac
Coume Chaude
Couflens de Betjamou
Bonrepos
SEIX
les Mousses
Azas
le Coum
de Mirabat
Moulin Lauga
Pont de la Taule
Sahusset
la Bincarède
la Pomarède
le Tourté
Saburdac
les Raffaux
les Courets
Escots
Entachou
le Trein
Plagne
Serre de la Plagne
FORÊT D'OUST
B. d'Escots
B. de Poursugues
B. des Houillères
Commune d'Ustou
Serrelongue
Perteguet
Fouquère
Mounétou
Arrous
Sarramezan
Couménère
Miramont
Trabesses
Camp de Rezé
Bazerque
Courtalou
Besset

## Du Trein-d'Ustou à la doline de La Plagne    3 h 50

### Trein-d'Ustou >  🏠 ✖

> Descendre la rue principale en direction de Seix sur 300 m, puis prendre la ruelle à droite et franchir la passerelle sur l'Alet. Monter par le sentier à droite dans les prés sur 250 m, passer à côté d'une grange, puis s'engager à gauche dans la forêt de chênes. Après de petites clairières et des sous-bois, arriver à un embranchement (950 m) près d'une cabane ruinée qui domine Escots.

> ① Monter par le sentier à droite jusqu'à 1 120 m. Le sentier s'aplatit, s'incurve à gauche (ouest), passe à côté du Poutz de la Ruguero [👁 > gouffre vertical naturel] et continue à travers des buis jusqu'à la doline de La Plagne (1 075 m) [👁 > cuvette naturelle].

## De la doline de La Plagne à la D 3    1 h 50

> ② Traverser l'ancienne estive parsemée de granges et de cabanes de bergers, puis des pâturages en longeant le bord inférieur du plateau. Continuer par le sentier à flanc qui passe la crête boisée entre les plateaux de La Garde et du Mirabat.

> ③ Laisser un sentier à droite et poursuivre par le sentier en face. Il vire à gauche et descend à Azas (842 m). Prendre la route à droite, puis descendre par la piste à gauche et déboucher sur la D 3, près du moulin Lauga.

> Jonction avec le GR® 10 qui vient à gauche de la cabane d'Aula. À droite, les GR® sont communs jusqu'à Camp-de-Peyrot.

### Hors GR® > vers le pont de la Taule   20 mn   | 🏠 ✖
Emprunter la D3 (sud-est) jusqu'au pont de la Taule (567 m).

## De la D 3 à La Souleille-d'Aunac    1 h 10

### Hors GR® > vers Seix   1 h   | 🏠 ⛺ 🛒 ✖ ☕ ℹ 🚌
Emprunter la D 3 vers le nord jusqu'à Seix (505 m).

> ④ Emprunter la D 3 à droite, franchir le pont de Coumecaude (532 m), monter par la route à Esteiches, puis bifurquer à gauche pour gagner Aunac. Traverser le hameau et prendre le sentier de buis qui mène au gîte de La Souleille-d'Aunac (800 m).

### La Souleille-d'Aunac > 🏠

ÂNE AU GÎTE D'AUNAC /
PHOTO M. DOUMENJOU.

**GRP®** • Tour du Val du Garbet • **97**

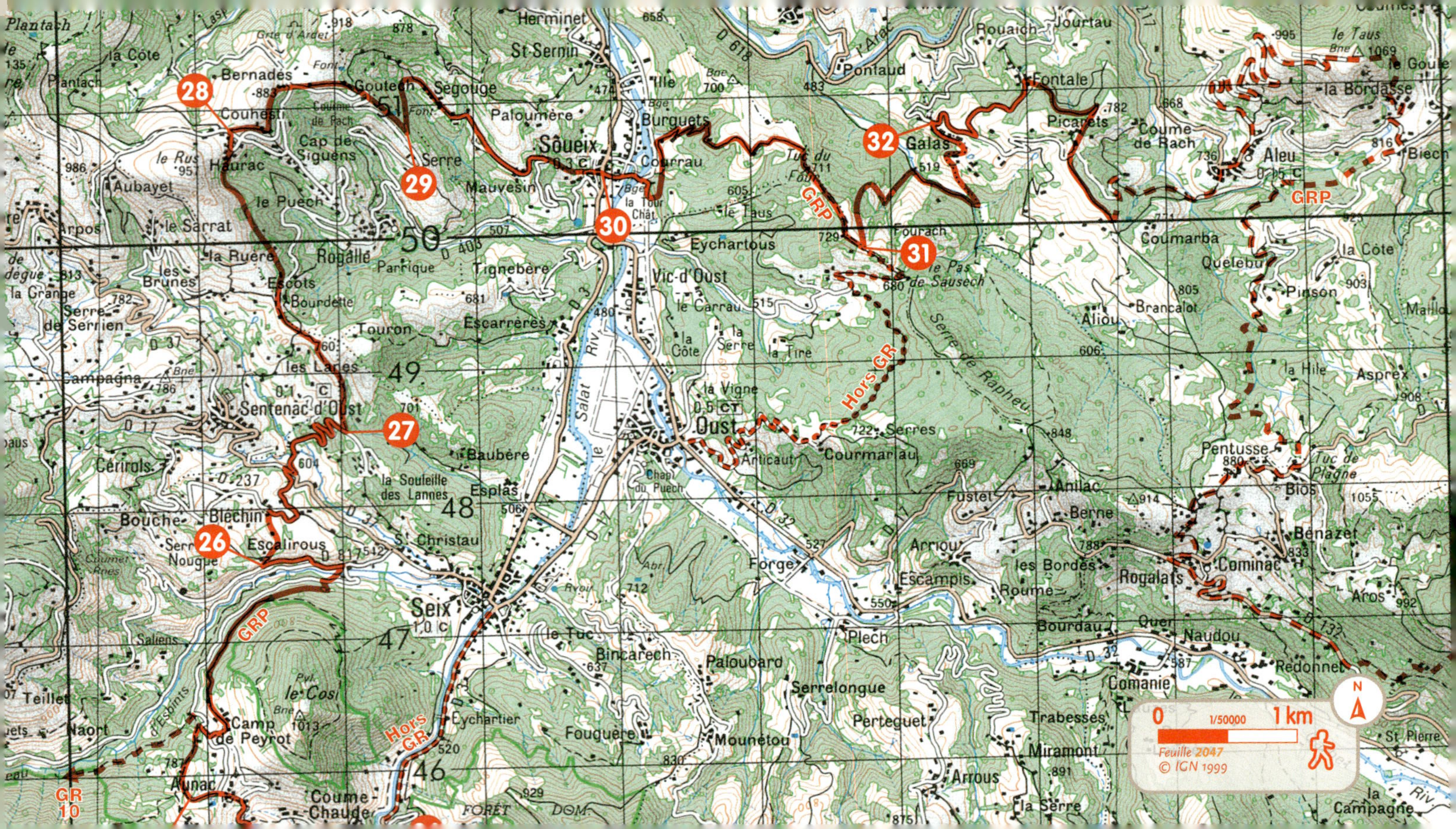

## De La Souleille-d'Aunac à Haurac  2 h 30

### La Souleille-d'Aunac > 🏠

Se diriger au nord pour rejoindre Camp-de-Peyrot.

Séparation du GR® 10 vers l'ouest.

Descendre par le chemin et franchir le pont d'Aunac (541 m). Emprunter la D 817 à gauche, puis la route à droite sur 400 m.

Gravir le petit chemin à droite. À Escalirous, continuer par la piste qui mène à Bléchin-d'en-Bas, puis emprunter la route à droite. Couper la D 17 et poursuivre l'ascension par la route jusqu'à l'entrée du village-vacances de La Souleille.

Suivre le chemin à gauche. Il monte, à flanc, au col d'Escot (776 m). Continuer au nord-ouest, à flanc, et atteindre le hameau d'Haurac (778 m).

### D' Haurac à Soueix  1 h

> Hameau typique dans la tradition de la construction de l'Ariège (toits de chaumes, balcons bois…).

À la sortie du hameau, prendre le chemin à droite. Passer Caouhesti et gagner Bernadès (785 m). Descendre à droite par la route.

Avant Serre, quitter la route et descendre dans le vallon à gauche, traverser Ségouge et continuer par la route. À un carrefour dans un lacet de la route, dévaler tout droit la pente et arriver à Soueix (478 m).

### De Soueix au pas de Sausech  1 h

**Soueix >** ⛺ ☕

Après la place centrale, se diriger vers le camping, traverser la rivière puis la route, se diriger à gauche et gagner Coumelègue. Continuer par le chemin qui se hisse au Tuc du Four (711 m), puis suivre la crête (sud-est) jusqu'au pas de Sausech (723 m).

### Accès depuis Oust  1 h 30  | 🏨 ⛺ 🍴 🔧 🚌

À Oust (490 m), prendre, en rive droite du Garbet, la route qui monte à Articaut puis Coumarieu. Poursuivre par le chemin de gauche (nord), atteindre la crête (680 m), puis la suivre à gauche pour gagner le pas de Sausech (723 m).

### Du pas de Sausech au gîte de La Bernadole  1 h 45

Descendre par le chemin herbeux à gauche (nord) et remonter à droite le ruisseau du Régudet jusqu'au gué de Galas. Franchir le pont de bois, gravir la pente à gauche, puis tourner à gauche pour traverser Galas-d'en-Bas et parvenir à un carrefour (642 m).

Prendre la route à droite sur 300 m, puis la route à gauche. Avant Fontale, s'engager sur la piste forestière à droite. Elle conduit aux maisons de Picarets (800 m). Rejoindre le virage de la route et emprunter la piste en face pour regagner le gîte de La Bernadole (750 m).

**gîte de La Bernadole >** 🏠

**GRP®** • Tour du **Val du Garbet** • **99**

0 1/50000 1 km
Feuilles 1947 1948
© IGN 1999
FORÊT DOMANIALE DU BIROS
GRP
GR 10
GR 10 GRP
GR 10 E
GRT
1
2
3
4
5
6
7
8
9
10
11
12
13
14
Etang d'Araing
Pic de Paumaude
Col d'Osquet
Pic d'Auère
Pic de Pièle de Mil
Pic de la Méde
Pic de Birens
Tuc de l'Usclade
Col des Croisets
Cabane d'Illau
Col d'Auéran
Tuc de Bouc
Pas du Bouc
Cap du Mail de Cristal
Pic de Crabère
Mail de Luzes
Serre d'Araing
Refuge EDF
Pic Long
Pic de l'Har
Mgne d'Ourdouas
Refuge d'Ourdouas
Tuc des Cos
Col de Léat
Tuc de la Core de Léat
Forêt de la Côte
Refuge de Monteille
Fillole
la Parade
Frechentech
Bencarrech
Bordes d'Espagne
Bordes de Maupas
le Pont
Sentein
Col de Blazy
Col de Lourech
Col de Quimés
Forêt d'Andraud
VALLÉE DU BIROS
Col de Barbélizi
Col des Périsses
Mourtis
Souel
Jos
Rozès
Estoéou
Morère Rouge
Col des Cassaings
Riusec
Eylie
Laspe
Tuc de la Pale
Pic de Pic de Courbeyran
Refuge de la Roque
Tuc de la Rouesse
Tuc des Ours
Refuge ruiné
Lasplanous
Cap de l'Empailloù
Col de l'Arech
Refuge de l'Arech
Mgne de Mont-Ner
B. des Rochers de Bastard
B. de Ruerech

# le GRP®
# Tour du Biros

## ’ Anglade à la cabane d'Illau — 2 h 25

Du haut du parking d'Anglade (815 m), prendre à gauche le sentier en direction de la chapelle de ...sard. Assez plat, il mène au hameau de Fréchendech (915 m).

Poursuivre par le sentier qui longe le ruisseau. Il passe quelques granges, puis s'élève en pente douce ...ns la hêtraie. Descendre à gauche pour franchir la passerelle Illa-Maria (920 m) et continuer par le ...emin qui vire à droite et amorce une rude mais courte montée. Après la fontaine d'Escudié (1 012 m), ...is un passage taillé dans la roche, arriver à la hauteur de la passerelle des Piches (1 110 m).

Ne pas la franchir et continuer sur le même versant. Gravir quelques raides lacets et atteindre une ...urcation.

Laisser à gauche le sentier qui mène à Eylie, poursuivre par le chemin plat, franchir le ruisseau à ...é et négliger à droite le sentier qui mène à la chapelle de l'Isard. Le sentier monte et, après une légère ...scente, grimpe à travers les pâturages et atteint la cabane d'Illau (1 485 m ; *abri possible*).

## e la cabane d'Illau au barrage de l'Étang-d'Araing — 1 h

Continuer l'ascension par le sentier à gauche de la cabane. Il traverse le flanc ouest du pic de l'Har... arrive au barrage de l'Étang-d'Araing (1 911 m).

Jonction avec le GR® 10 qui arrive à droite de Melles. À gauche, les deux GR® sont communs ...squ'aux ruines de Flouquet.

## r le sentier GR® 10 > vers le refuge de l'Étang-d'Araing — 10 mn

...nter par le sentier à droite (ouest) pour gagner le refuge de l'Étang-d'Araing (1 965 m).

## u barrage de l'Étang-d'Araing à la serre d'Araing — 55 mn

Prendre le sentier à gauche. Il passe devant la cabane de l'Étang (abri de 10 places), monte (sud-...) par des alpages dénudés, en suivant la ligne à haute tension (⚠ **> ne jamais la perdre de vue ... le terrain est caillouteux**) et atteint la serre d'Araing (2 221 m) [👁 > vue sur les montagnes du ...userans].

## e la serre d'Araing aux bâtiments de la mine de Bentaillou — 45 mn

En restant toujours à gauche de la ligne électrique, le sentier dévale la pente, puis court au bord ...ne falaise [👁 > vue sur l'étang de Chichoué qui alimentait le petit barrage des mines de Bentaillou]. ...ntinuer la descente, puis arriver à une intersection.

...gner tout droit (est) les bâtiments de la mine de Bentaillou (1 870 m ; ⚠ **> ne pas s'aventurer dans ... galeries : danger d'éboulement**).

👁 > La mine du Bentaillou produisait du plomb argentifère et du zinc sous forme de galène.

## ÉCONOMIE
### LA MINE DU BENTAILLOU

Après 15 années de recherche, les premiers travaux débutent en 1853. On y extrait du plomb et du zinc sous forme de galène et de blende. Les travaux sont difficiles car au Bentaillou, les galeries se trouvent à 2 000 m d'altitude.

Le minerai est d'abord évacué par charrettes à bœufs jusqu'au Bocard d'Eylie. En 1865, c'est une goulotte qui l'achemine jusqu'à la Plagne. En 1880, les câbles révolutionnent le mode de descente du minerai.

L'installation et la construction des mines emploient un nombre important d'ouvriers : en moyenne, 200 mineurs feront fonctionner la mine, et plus de 500 dans le plein essor de 1907.

Devenu prospère, le Biros est surpeuplé. Il faut deux écoles pour accueillir les 200 élèves de la commune de Sentein.

Les femmes s'occupent des propriétés agricoles et la plupart des hommes travaillent à la mine. Le Baron de Boisrouvray et le banquier Espeletta constituent la première Compagnie de mines. En 1886, elle passe aux mains d'anglais pour être rachetée en 1913 par la Compagnie française des mines de Sentein.

En 1926, le cours du zinc s'effondre, s'instaure alors une gigantesque grève, la mine ferme. Beaucoup d'ouvriers iront travailler au chantier du barrage d'Araing jusqu'en 1942.

L'Union minière des Pyrénées rouvre la mine pour 14 années jusqu'à sa fermeture définitive. Le Biros perd alors sa richesse. Deux tentatives de réouverture (1963 et 1973) se soldent par des échecs.

LE SITE DU BENTAILLOU
PHOTO M. DOUMENJOU - CDRP

LE CIRQUE DE LASPÉ /
PHOTO H. BESNIER

## ENVIRONNEMENT

### LES BERGERS ONT CONSTRUIT LA VALLÉE DU BIROS...

Durant des siècles, la vallée du Biros, comme beaucoup de vallées pyrénéennes fortement peuplées, vécut de l'elevage et de la culture.

Lorsque les terres plates du fond des vallées furent toutes occupées, les générations suivantes durent coloniser des terres de plus en plus pentues. La pierre jusqu'alors gênante s'est transformée en maisons, murettes, granges ou cabanes. Les pentes escarpées ont obligé les paysans à construire des granges dispersées, toujours plus haut, tant que le sol permettait l'agriculture. Les terres ensoleillées étaient réservées à la culture et aux labours (lin, pomme de terre, seigle, orge et sarrasin).

Aujourd'hui, on remarque dans le paysage les anciens prés de fauche dans le sens de la pente. À l'opposé, en travers de la pente, souvent au soleil, la terrasse n'est plus labourée.

Le fumier était réparti dans les prés alentours et le foin rentré dans la partie haute de la grange. La fougère était surveillée, fauchée en litière et les frênes émondés en fin d'été, afin que les feuilles séchées nourrissent les agneaux pendant l'hiver.

Bien avant les mines, les Biroussans étaient bergers de père en fils et dès le plus jeune âge, les enfants gardaient les bêtes et montaient avec les anciens vers les estives. Au fur et à mesure que la neige se retirait, ils occupaient la cabane basse puis l'intermédiaire et enfin, au cœur de l'été, la cabane haute. L'estive permettait de faire du foin dans les propriétés. On observe encore cet étagement de cabanes que les communes s'efforcent de conserver.

La vie a changée, les bergers font le foin ou l'achètent dans la plaine et les paysages en sont modifiés…

0
1/50000
1 km
Feuilles 1947
1948
© IGN 1999
N
4
5
6
7
8
9
10
11
12
13
14
15
GR 10
GRP
GRT
GR 10 E
GR 10 GRP
FORÊT DOMANIALE DE BIROS
DU BIROS
Etang d'Araing
Pic de la Mède
Pic Long
Pic de l'Har
Mgne d'Ourdouas
Refuge d'Ourdouas
Tuc des Cos
Tuc de l'Usclade
Col des Croisets
Pic de Birens
Cabane d'Illau
Col d'Auéran
Pic de Crabère
Mail de Luzes
Pic de Canejan
Refuge EDF
Chichoue
Gouffre Martel
Résurgence
Refuge ruiné
Eylie
Laspe
Col de Barbélizi
Col des Cassaings
Col de Roux
Col des Périsses
Estouéou
Mourtis
Tuc de la Roucasse
Tuc des Ours
Tuc de la Pale
Pic de Virennes
B. de Brechet
Cap de l'Empailloù
Col de l'Arech
Refuge de l'Arech
Lasplanous
Mgne de Mont-Ner
Tuc de Cagonilles
Tuc de la Coume de Lauze
Mail de Bulard
Poteau Frontière
Pic de Carbé
Port de la Hourquette
Pic de Serre Haute
Pic de la Montagnolle
Pic Blanc du Portillon
Et. d'Albe
la Planiole d'Albe
Et. de Liat
Palomera
Telefèrico
Rge de Sans
B. du Past
Cabane d'Haou
Rge du Past (EDF)
Rge de Coumeda
Rge d'Artignan
Mgne d'Artignan
Serre d'Araing
B. de Ruerech
B. des Rochers de Bastard

## Des bâtiments de la mine de Bentaillou au col de la Catauère — 40 mn

**Aux bâtiments de la mine de Bentaillou >** 🏠 *à l'extrémité est de l'exploitation (6 places)*

S'orienter au nord, passer en contrebas de la cabane *(qui peut servir d'abri)* puis filer vers l'est et passer au-dessus de la grotte de la Cigalère. Descendre sur un terrain herbeux en direction du col de la Catauère (1 706 m).

## Du col de la Catauère à Eylie-d'en-Haut — 2 h

Laisser le col au sud et suivre les pylônes portant les câbles et les wagonnets de l'ancienne exploitation. Dévaler les lacets, parvenir à la station de Rouge (1 550 m ; ⚠️ **> ne pas s'aventurer dans les galeries de mines**). Quitter la station par un chemin en forte déclivité aux nombreux lacets, pénétrer dans une futaie de hêtres et, à la sortie de la forêt, découvrir le village d'Eylie-d'en-Haut (990 m). Le gîte d'étape se trouve à droite.

## D'Eylie-d'en-Haut au Lez — 15 mn

**Eylie-d'en-Haut >** 🏠

Contourner l'usine abandonnée du Bocard [👁 > broyage et lavage du minerai]. S'engager dans le couloir sauvage aux parois sombres et humides au fond duquel coule la rivière le Lez (960 m).

## Du Lez à un abri de berger — 2 h 15

Franchir la rivière sur la passerelle et déboucher sur la piste menant à l'usine.

Quitter la piste et prendre vers l'est le chemin des mineurs qui se rendaient aux mines de Bulard. Il domine la vallée du Lez [👁 > vue sur l'usine hydroélectrique d'Eylie]. Franchir à gué le ruisseau de Mont-Ner (1 180 m), puis pénétrer dans le bois de Laspe et monter par le chemin aux nombreux lacets pour sortir de la forêt et atteindre un abri de berger (1 660 m).

Départ, à gauche, du GR® 10 E.

## De l'abri de berger au col de l'Arech — 30 mn

Continuer la montée à droite. Le sentier parcourt les estives du flanc nord du massif du Mail-de-Bulard [👁 > vue sur l'ancienne tour qui servait à réceptionner les bennes venant de la mine]. Passer près d'une cabane ruinée, sous les crêtes de la montagne de Mont-Ner et atteindre le col de l'Arech (1 802 m ; cabane à 200 m au nord).

👁 > Vaste panorama. Vue sur le chemin parcouru depuis la serre d'Araing

## Du col de l'Arech à la cabane pastorale de l'Arech — 15 mn

Descendre par le sentier sur un terrain caillouteux et gagner la cabane pastorale de l'Arech (1 638 m).

**La cabane de l'Arech >** 🏠 *(4 places, source au sud de la cabane)*

**GRP®** • Tour du Biros

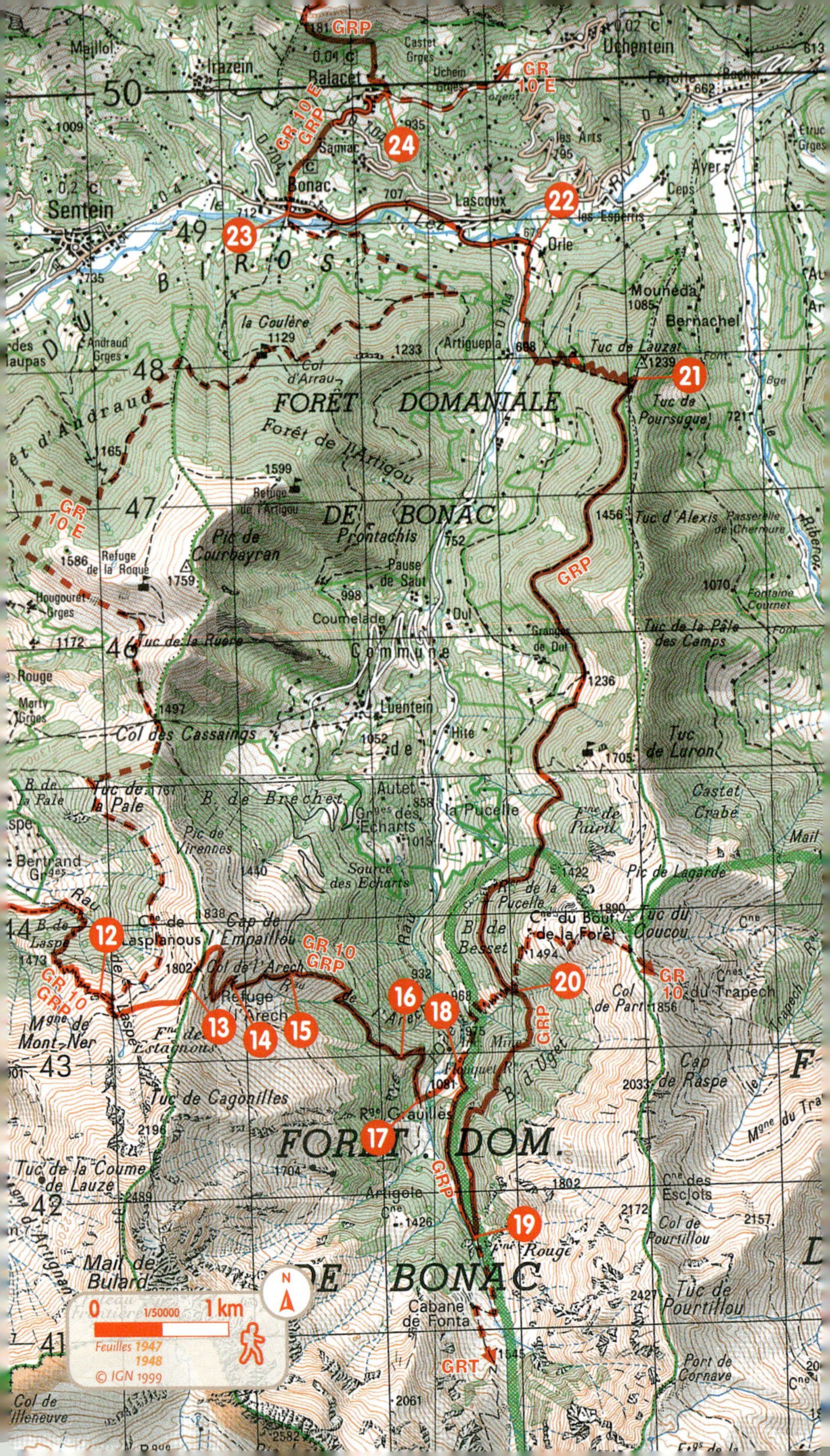

GRP
GR 10 E
Balacet
Irazein
Maillol
Uchentein
Bonac
Samiac
Sentein
Lascoux
Orle
les Esperits
les Arts
Ayer
Ceps
B I R O S
la Coulère
Col d'Arrau
Artiguepla
Mounéda
Bernachel
Tuc de Lauzat
Tuc de Poursugue
FORÊT DOMANIALE
Forêt de l'Artigou
DE BONAC
Refuge de l'Artigou
Prontachis
Pic de Courbayran
Refuge de la Roque
Pause de Saut
Coumelade
Oul
Tuc d'Alexis
Tuc de la Pâle des Camps
Tuc de la Ruère
Granges de Oul
Commune
Luentein
Col des Cassaings
Tuc de Luron
Autet
la Pucelle
Tuc de Pale
B. de Brechet
Pic de Virennes
Source des Echarts
Castet Crabé
Pic de Lagarde
Tuc du Coucou
Cap de l'Empailloû
Col de l'Arech
Refuge de l'Arech
Cne du Bout de la Forêt
Col de Part
Cne de Lasplanous
Mgne de Mont-Ner
Tuc de Cagonilles
Cap de Raspe
FORÊT DOM.
Tuc de la Coume de Lauze
Artigole
Col de Pourtillou
Mail de Bulard
DE BONAC
Cabane de Fonta
Tuc de Pourtillou
Port de Cornave
Col de Illeneuve
GR 10
GRT
0 1/50000 1 km
Feuilles 1947 1948
© IGN 1999

### De la cabane pastorale de l'Arech à la passerelle de Grauillès — 1 h 15

**la cabane de l'Arech >** *(4 places, source au sud de la cabane)*

**4** Emprunter, vers l'est, la piste forestière jusqu'à un carrefour (1 550 m) avec le sentier venant du [c]ol des Cassaings.

**5** Abandonner la piste forestière pour suivre, vers l'est, la trace en rive gauche sur le flanc très raide de [la] montagne qui borde le ruisseau de l'Arech, jusqu'à l'orée de la forêt. Se diriger alors, horizontalement, [ve]rs la droite, pour traverser le ravin à l'altitude de 1 312 m. Entrer dans la forêt et continuer au sud-est [p]our atteindre la crête de Darnaca (1 242 m).

**6** Descendre par la crête nord-nord-est sur quelques mètres puis tourner au sud et gagner le fond de [la] vallée d'Orle. Arriver à la passerelle de Grauillès (1 081 m).

**[H]ors GR® > vers la cabane de Grauillès 10 mn** | *(2 places sur bat-flanc, cheminée [e]t grenier de 10 places)*
[S]e diriger vers l'amont sur 350 m pour trouver la cabane.

### De la passerelle de Grauillès aux ruines de Flouquet — 15 mn

**7** Franchir la passerelle et longer à gauche, vers l'aval, la rive droite du ruisseau d'Orle jusqu'aux [ru]ines de Flouquet (1 050 m).

*Séparation du GR® 10 qui continue tout droit et croise le GR® de Pays un peu plus haut.*

### Des ruines de Flouquet au croisement du GR® 10 — 1 h 20

**8** Prendre le chemin à droite. Il remonte la vallée d'Orle et arrive au départ du « porteur Decauville » [1] 268 m).

**>** Paul Decauville, industriel français (1846-1922,) fut l'inventeur du chemin de fer à petite [di]mension, qui permit d'acheminer le minerai de fer à travers la montagne du Biros. Huit tunnels [fu]rent percés, dont six existent encore. L'originalité du système Decauville était d'être démontable. [Ain]si, les rails situés dans les zones avalancheuses étaient retirés chaque hiver.

**9** S'engager à gauche sur le chemin plat. Il traverse la forêt (sur 8 km) et emprunte trois tunnels (⚠ > [un]e lampe frontale peut être utile). Atteindre ainsi le croisement du GR® 10 (1 250 m).

### [D]u croisement du GR® 10 au terminus de la ligne Decauville — 2 h

**)** Continuer toujours à niveau, passer encore trois tunnels et déboucher au terminus de la ligne [1 215 m) [👁 > grosse roue].

### [D]u terminus de la ligne Decauville à Orle — 1 h 40

**)** Descendre dans la forêt par une longue série de lacets et arriver à un abreuvoir. Partir à gauche [pu]is à droite (grange) et continuer par le large chemin. Poursuivre par le chemin à droite, passer sur la [co]nduite EDF et arriver à Orle (670 m).

**GRP®** • Tour du **Biros** • **107**

0
1/50000
1 km
Feuille 1947
© IGN 1999
N
21
22
23
24
25
26
27
28
29
30
GRP
GR 10 E
GR 10 E GRP
FORÊT DOMANIALE DE BELLONGUE-SUD
FORÊT DOMANIALE DU BIROS
FORÊT DOMANIALE DE BONAC
Forêt d'Orgibet
Pic de Séraou
Pic du Mail
Pic de Mardans
Pic de Moussau
Pic de l'Arraing
Pic du Mail Blanc
Mail de Laroque
Col de la Croix
Col de Hérèchede
Col de Nédé
Pic de Nédé
Col de Blazy
Tuc de Pujatech
Tuc de Puech
Tuc de Lauzat
Tuc de Poursugue
Tuc de la Core de Léat
Sentein
Antras
Irazein
Balacet
Bonac
Samiac
Uchentein
Lascoux
Orle
les Esperris
Bernachel
Mounéda
Bordes d'Espagne
Bordes de Maupas
Bencarrech
Playras
la Peyre
Frechendech
Forêt de la Côte
Forêt d'Andraud
Forêt de l'Artigou
la Goulère
Col d'Arrau
Artiguepla
Fillole
la Parade
Refuge de Monteille
Refuge de l'Artigou
Majllol
les Rives
Pic d'Allé
Aston
les Baussés
Prats de Redon
Refuge
Castet Grges
Uchein Grges
Bordenave Grges
Andraud Grges
les Bordes sur Lez
le Mont
Ausset
Artigue
Ceps
Ayer
Tuc d'Alexis
Passerelle de Chermure
les Pâluzas
Bois d'Esplas
des Morères
Col de Méda
Col de Quimas
Col de Lourech
Prés de Paris
Isard
le Pont
52
51
50
49
47

## D' Orle à Bonac — 30 mn

**2** Poursuivre par la route et franchir le Lez. Juste après le pont, s'engager sur le sentier à gauche, puis emprunter la D 4 à gauche et gagner l'église de Bonac (705 m).

- Jonction avec le GR® 10 E.

## De Bonac à Balacet — 45 mn

**Bonac >**

**3** Monter au nord et, à la fontaine, prendre le GR® 10 E qui longe un cours d'eau. À la bifurcation, prendre à gauche le sentier taillé qui grimpe pleine pente, puis continuer par la piste. Suivre la D 704 à gauche et rejoindre le lavoir, au bout du village de Balacet (909 m).

- Séparation du le GR® 10 E.

## De Balacet au col de l'Arraing — 1 h 25

**4** Juste au-dessus du lavoir, monter par le chemin à gauche. Le sentier s'élève en pente douce dans la forêt, puis sort à découvert et gravit la pente (nord-est) qui mène au col de l'Arraing (1 350 m).

## Du col de l'Arraing au col des Morères — 1 h 25

**5** Au bassin, prendre le sentier plat à gauche (ouest). Il passe au pied du pic de l'Arraing, traverse la forêt et gagne le cirque des Morères *(abri)*. Poursuivre par le sentier qui remonte à droite et parvenir au col des Morères (1 550 m).

## Du col des Morères au col de la Croix — 1 h

**6** Descendre légèrement à gauche, passer la cabane de Coulédoux (eau), puis descendre par le sentier à droite vers la lisière de la forêt. Bifurquer sur le chemin de gauche et entrer en sous-bois. Continuer (ouest) par la piste forestière, puis remonter à gauche pour gagner le Mail de Laroque (1 397 m) [> porte monumentale]. Franchir la brèche et descendre au col de la Croix (1 270 m).

## Du col de la Croix au col de Blazy — 1 h 05

**7** Descendre à gauche (est) sur 150 m. À l'embranchement, prendre le sentier à droite, passer en contrebas du col de Méda et poursuivre à flanc jusqu'au col d'Hérédech (1 289 m).

**8** Tout droit, gravir pleine pente la trace peu marquée qui longe des granges ruinées. En haut de la pelouse, suivre le sentier à gauche, puis la piste forestière qui mène au col de Blazy (1 309 m).

## Du col de Blazy à Anglade — 1 h 05

**9** Partir à droite sur le chemin d'abord très large qui, après quelques lacets, devient un sentier. Dessert les granges de Bordenave et gagne Playras (1 110 m). Traverser le village vers l'est puis, au bout de la route, tourner deux fois à droite pour trouver le sentier qui dévale la pente boisée et atteint le fond de la vallée.

**10** Prendre le bon sentier à gauche vers Fréchendech (810 m). 50 m avant le hameau, monter par le sentier à gauche le long des maisons, puis retrouver Anglade (815 m).

# Robustes, fiables et prêts pour l'aventure.

Compacts et équipés de nombreuses fonctions, les GPS portables cartographiques Garmin eTrex® série HCx et GPSmap® 60Cx/CSx constituent des compagnons idéaux pour les activités de plein air. Ces appareils avec récepteur GPS ultra-sensible vous permettent de rallier toutes vos destinations favorites, en toute simplicité. Grâce à un port pour cartes MicroSD, vous pouvez ajouter une cartographie outdoor, terrestre ou nautique (en option). Sur tous les terrains et en toutes conditions, alliez plaisir et performance en toute sécurité.

Garmin®, fournisseur officiel de la **FFRandonnée**
www.ffrandonnee.fr

www.garmin.com/fr

# GARMIN

**RÉALISATION**

✓ Le premier tracé du GR® 10 dans l'Ariège a été réalisé par Marceau Delrieu (†), ancien délégué Fédération française de la randonnée pédestre de l'Ariège.

✓ En Haute-Garonne, le balisage est actuellement entretenu par les baliseurs-aménageurs et les associations membres de la commission sentiers du Comité départemental.

✓ En Ariège, il est assuré par les équipes sentiers des communautés de communes, avec le soutien financier du Conseil général, et l'appui technique du Comité départemental de la randonnée, présidé par Richard Danis. Le suivi des itinéraires est assuré par la commission sentiers, présidée par Claude Pauly.

✓ Les mises à jour de la présente édition ont été réalisées par Mélanie Dargent, du Comité départemental de la Haute-Garonne, et par Guillaume Jolibert, du Comité départemental de l'Ariège, avec le soutien de l'ensemble des partenaires locaux.

SUR LA SOULANE DU BIROS / PHOTO H. BESNIER.

**Montage du projet, direction des collections et des éditions :** Dominique Gengembre. **Assistante de direction :** Sabine Guisguillert. **Assistants développement :** Patrice Souc et Emmanuelle Rondineau. **Production éditoriale :** Caroline Guilleminot. **Secrétariat d'édition :** Philippe Lambert, Marie Fourmaux, Fanny Fersing. **Cartographie et couverture :** Olivier Cariot, Frédéric Luc. **Mise en page et suivi de fabrication :** Jérôme Bazin, Caroline Bardin, Caroline Le Guen. **Lecture et corrections :** Marie-France Hélaers, Anne-Marie Minvielle, Josette Barberis, André Gacougnolle, Michèle Rumeau. **Création maquette et design couverture :** Sarbacane Design.

Les itinéraires de randonnée pédestre connus sous le nom de « GR », jalonnés de marque blanc-rouge, sont une création de la FFRandonnée. Ils sont protégés au titre du code de la propriété intellectuelle. Les marques utilisées sont déposées à l'INPI. Nul ne peut en disposer sans une autorisation expresse. Sentier de Grande Randonnée, Grande Randonnée pays, Promenade & Randonnée, Randocitadines, À pied en famille, Les Environs de... à pied sont des marques déposées, ainsi que les marques de couleur blanc-rouge et jaune-rouge.

# INDEX

## GÉOGRAPHIQUE

**A**
Aleu, 89
Anglade, 101, 109
Arech (cabane de l'), 37, 105
Arraing (cabane de l'), 75
Artiès, 59
Artigue, 23
Astaran (jasse d'), 69
Auédole (col d'), 41, 79
Aula (cabane d'), 49
Aulus-les-Bains, 55, 93
Aunac, 47
Auzat, 57, 59, 65

**B**
Bagnères-de-Luchon, 23
Balacet, 109
Bassiès (refuge de), 57
Beille (plateau de), 71
Bentaillou (mine de), 33
Bernadole (gîte de la), 89
Besset (cabane de), 39
Bethmale, 43, 77
Bidous, 51, 95
Bios, 89
Bonac, 75, 109
Bordasse (La), 89
Bordes-sur-le-Lez (Les), 77

**C**
Clarans (cabane de), 69
Clot-d'Eliet (cabane du), 43
Comté (gîte de la), 89
Core (pas de la), 43, 79

Coudènes, 69
Couflens, 49
Coumasses-Grandes (Les), 63

**E**
Esbints, 43
Escots (col d'), 53, 95
Esquérus, 65, 87
Estours (carrières de marbre), 47, 81
Étang-d'Araing (refuge), 33, 101
Étang-d'Izourt (barrage de l'), 63
Eylie-d'En-Haut, 35, 105

**F**
Fitté (pic et col de), 51, 95
Flouquet (ruines du), 37, 107
Fos, 29
Fouillet (jasse du), 53, 95
Fourcat (refuge du), 85
Fréchendech, 101, 109

**G**
Gestiès, 67
Goulier, 65
Grauillès (cabane de ), 37, 107
Guzet-Neige, 51, 95

**H**
Haurac, 99

**I**
Illau (cabane d'), 101

**J**
Journosque (orri de), 63, 85

**L**
Labach-de-Melles, 31

Lercoul, 67
Luzurs (cabane de), 79

**M**
Marc, 57
Melles, 29
Mérens-les-Vals, 71

**O**
Orle, 107
Oust, 99

**P**
Pla-de-Lalau (refuge), 41
Pont de la Taule, 47

**R**
Rouze, 49
Ruhle (refuge du), 71

**S**
Saint-Lizier-d'Ustou, 51, 95
Sasc (col du), 67
Sausech (pas du), 99
Sentein, 35
Seix, 47
Siguer, 67
Soueix, 99
Souleille-d'Aunac (gîte de la), 97
Subera (cabane de), 81

**T**
Taus (cabane du), 41
Trapech-du-Milieu (cabane du), 39
Trein-d'Ustou (Le), 51, 95

**U**
Uchentein, 77

## THÉMATIQUE

### ÉCONOMIE
Le pastoralisme : une activité indispensable à la montagne, 45
La mine du Bentaillou, 102

### TRADITION
La légende des sabots de Bethmale, 44
Les oussaillés ou montreurs d'ours, 90
Les « porteurs de glace » d'Aulus, 91

### ENVIRONNEMENT
La Réserve domaniale du Mont-Valier, 82
Le projet de Parc naturel régional des Pyrénées ariégeoises, 83
Les bergers ont construit la vallée du Biros…, 103

### PATRIMOINE
Bagnères-de-Luchon, 24

### FAUNE ET FLORE
Le patou, 25
L'isard, 60
Les tourbières d'altitude : un milieu fragile à préserver, 61

10e édition : juillet 2008 - ISBN : 978-2-7514-0279-1
© IGN 2008 (fonds de cartes) - Dépôt légal : juillet 2008
Achevé d'imprimer en France sur les presses de Loire-Offset Titoulet (42000 Saint-Étienne)
sur papier issu de forêts gérées durablement.

**Randonnée**
www.ffrandonnee.fr

Depuis 1992, Gaz de France et la Fédération Française de Randonnée pédestre entretiennent des chemins pour permettre au plus grand nombre de parcourir des sites mythiques. Les délégations régionales de Gaz de France œuvrent également à la réhabilitation de sentiers anonymes afin de valoriser paysages et des villages méconnus. L'énergie est notre avenir, économisons-la ! www.gazdefrance.com

**Soutenir la FFRandonnée, c'est permettre à des voies mythiques de le rester**

**et à d'autres de le redevenir.**

**Gaz de France**
Une énergie nouvelle entre nous

# TopoGuides

## Pyrénées Ariégeoises

Du Luchonnais et du verdoyant Couserans, jusqu'au Lanous déjà balayé de cha[uds] effluves méditerranéens, le GR 10 vous fera découvrir, au fil des cols et des cr[êtes] franchis, la diversité des vallées et des villages qui font le charme de ces montag[nes]. Par les chemins pastoraux, sentiers muletiers ou sentiers des mines, les bal[ises] attendent de vous conduire en ami vers les forêts de hêtres, les estives et les cir[ques]. Et avec un peu de chance, peut-être apercevrez-vous le blanc lagopède, le son[neur] tétras ou l'isard rapide, traversant les névés avec une facilité déconcertante.

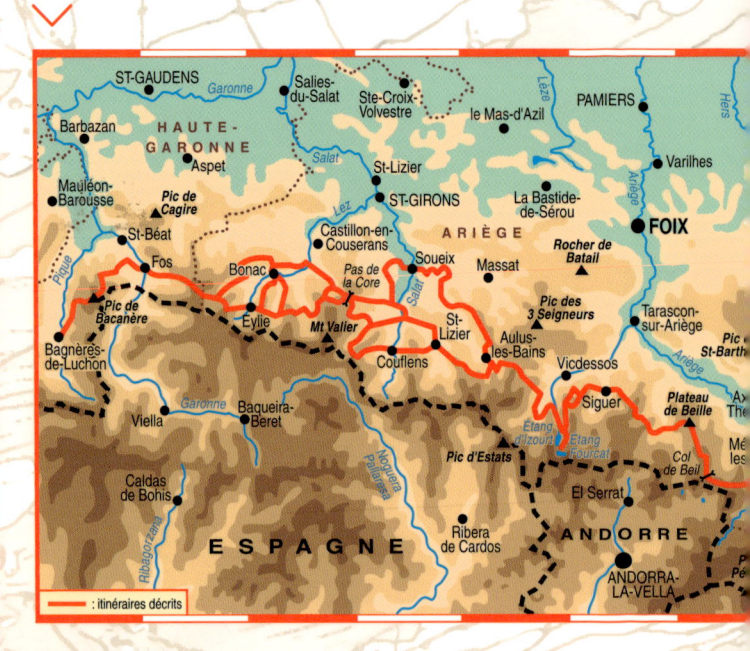

ARIÈGE
HAUTE-GARONNE

DANS CE GUIDE

GR 10

GR PAYS

### Le TopoGuide GR®, une exclusivité FFRandonnée

> Description de sentiers **balisés, entretenus, sécurisés**
> Adapté à la randonnée de **plusieurs jours**, sac au dos
> L'outil pratique indispensable pour **préparer son itinéraire** : étapes, hébergements, moyens d'accès…
> L'expertise **FFRandonnée** associée aux **cartes IGN**

DONNÉES IGN

Gaz de France

Réf. 1090

CODE PRIX :

ISBN 978-2-7514-0